우리들의
비밀 놀이연구소

우리들의
비밀 놀이연구소

조유나 지음

사□계절

차 례

가오 잡는 우리들 세계

　나 박명수, 올해 대한민국 중2가 되었다. 새 학년을 맞이하여 교실 창가에는 '가오' 잡는 애들이 몇몇 더 생겨났고, 복도에는 스트레스를 지구 끝까지 날려 버리고 싶은 애들이 한 트럭은 생겨났다. 쉬는 시간마다 복도는 괴성을 지르고 달음박질하는 아이들이 점령했다. 당연히 그 한가운데 나도 있었다. 성적, 친구, 연애 등 스트레스 사유는 제각각이었다. 그럼에도 우리 모두를 기다리고 있는 건 오직 하나! 집-학교-학원을 오가는 도돌이표 생활뿐이었다. 그러니 신을 믿는다면 분명히 이런 기도를 올렸을 거다.
　'재미있는 일 좀 만들어 주세요. 아니면 첫사랑이라도 내려 주시죠, 네?'

부처인지 예수인지 알라인지 누군지 모를 은혜로운 신은 내 속마음을 읽은 게 분명했다. 하지도 않은 기도가 통하고 말았으니까! 정말로 내 앞에는 너무나도 여자아이 같은 여자아이가 나타났다. 바로 한. 윤. 하! 2학년이 되어 새로 배정된 반 옆 교실에는 웃을 때 눈이 반달 모양이 되는 한윤하가 있었다. 나는 윤하가 영화 감상 동아리에 든다는 얘기를 귓결에 얻어듣고, 새 학기 방과 후 수업으로 영화 감상 동아리를 선택했다.

"영화 감상반? 네가 언제부터 영화를 봤다고?"

내가 영화 감상 동아리를 하겠다니까 가장 놀란 건 형수였다.

"나 원래 영화 좋아해. 몰랐냐?"

"웃기시네. 영화 감상반에 예쁜 여자애들이라도 잔뜩 있냐?"

형수는 내 마음을 훤히 꿰뚫는 것처럼 말했다. 같은 동네에 사는 형수랑은 초등학교 때부터 하루가 멀다 하고 붙어 다닌 사이다. 형수 부모님은 합정동 사거리에서 '형수마트'를 하시는데, 어른이 안 계시는 형수네 집은 우리들 아지트가 될 때가 많았다. 형수 방에서 서너 명 모여서 뭐 재밌는 게 없을까 궁리하는 게 초등학교 때 우리의 주요 일과였다. 형수랑은 중학교도 같은 곳을 다니게 되었고, 1학년 때는 밴드부 활동도 같이 했다.

밴드부에 들었던 건 록 밴드 공연을 보고 전자 기타에 매료되어서였다고 친구들에게 말하기는 했다. 그렇지만 사실은 멋진 공연을 한다면 학교에서 스타가 될 거라는 생각 때문이었다. 초등학교 6학년 여름방학 때 아빠를 따라갔던 록 페스티벌에서 사람들이 미친 듯 열광하며 환호하던 모습이 눈앞에 어른어른했으니까 말이다.

밴드부 지도는 음악 선생님이 맡았다. 선생님은 밴드부라면 으레 제일 처음으로 배우는 후바스탱크의 '더 리즌(The Reason: 이유)'을 10월에 있을 가을 축제 무대에 올리자고 했다. 우리는 선생님의 조언을 듣고 후바스탱크의 '아웃 오브 콘트롤(Out of Control: 통제 불가능!)을 몰래 연습했다. 관객들이 마구 소리 지르고 펄펄 뛰며 환호하게 하려면 이 정도 곡은 필요했다. 어쨌거나 느릿한 곡인 '더 리즌'을 연주한다면 여자아이들이 점프를 하며 열광하진 않을 테니까 말이다. 공연이 끝나고서 장미꽃을 들고 사인을 해 달라는 여자아이들에게 에워싸일 모습을 상상해 보라! 이것이 내가 밴드 부원들을 설득하기 위해 한 말이다. 밴드 부원들은 모두 고개를 끄덕였다.

나는 짬이 날 때마다 '아웃 오브 컨트롤'을 틀어 놓고는 코드를 잡고 빠른 스트로크를 연습했다. 방학에도 합주실로 등교하며 연습을 쉬지 않았다. 2학기는 자유 학기여서 밴드부 동아리에 더 많은 시간을 낼 수 있었다. 빠른 스트로크를 연습하다 보면 소리가 뭉개져 버릴 때도 있었지만, 아빠가 기계음 효과를 내는 이펙터를 구해 준 덕에 소리가 제법 그럴 듯하게 만들어졌다.

공연을 앞두고 생각했다. 공연에서 헤비메탈 밴드들처럼 기타라도 부순다면 세계중학교 최고의 록 스타가 될 것이다! 그렇지만 중학교 1학년에게 부술 수 있는 기타가 있을 리 없었다. 다행히 집에는 아빠가 대학 시절부터 사 모았다는 기타가 세 대 있었다. 평소에 대충 이것저것 퉁겨 대는 국산 콜트 통기타, 방구석 거치대 위에서 먼지 옷을 허옇게 뒤집어쓴 이름 없는 기타,

커다란 케이스 안에 고이 모셔져 있는 깁슨 전자 기타. 아빠는 깁슨 기타야말로 연주자들의 로망이라고 했다. 그런 걸 왜 아빠가 가지고 있는지는 모를 일이다.

나는 당연히 커다란 케이스 안에 있는 깁슨 전자 기타를 꺼내서 공연장에 가져갔다. 아무렴 007 가방같이 단단한 케이스 안에 들어 있는 게 가장 고가일 거라는 건 초등학생이라도 알 것이다.

그러니까 정말로 부수는 흉내만 내려고 했다는 얘기다. 그런데 기타는 정말로 부서지고 말았다. 깁슨 기타가 이렇게나 약골이었을 줄이야! 아니, 내 팔 힘이 이렇게나 셀 줄이야! 아니, 다들 그렇게나 놀란 표정을 지을 줄이야! 이 일은 아빠에게도, 밴드부 선생님에게도, 그리고 학생 주임에게도, 말하자면 모두에게 큰 충격을 주었다.

축제가 끝난 뒤, 나는 스타가 되는 대신 징계 위원회에 불려 가는 신세가 되고 말았다. 죄인 박명수와 김형수의 폭력적 난동 행위가 징계 위원회 안건이었다. 나는 전교생이 보는 앞에서 기타를 부순 죄로, 형수는 드럼 스틱을 던진 죄로 불려 간 것이다. 형수는 드럼 스틱을 놓친 것이라고 스스로를 변호했다. 나는 기타를 부순 것은 억압적인 학교 교육에 저항하는 록의 정신을 표출한 퍼포먼스였다고 밴드 부원들 앞에서는 말했지만…… 징계 위원회에 불려 가 본 사람은 알 것이다. 엄숙한 분위기에서 그런 말을 할 수 있는 사람은 없을 거라는 사실을! 징계 위원회에서 질문을 받았을 때 나는 매우 공손한 표정으로 퍼포먼스를 하려다 그만 기타가 손에서 미끄러졌다고 말했다. 그렇지만 내 말을 믿는 사람은 아무도 없는 눈치였다.

스틱이 날아갔건 기타가 미끄러졌건 상관없이 우리는 '교내 봉사 1개월' 처분을 받았다. 1학년이 끝나 가고 있을 때였다. 교내 봉사 1주일도 아니고 2주일도 아니고 무려 1개월 처분을 받은 건 학생 주임이 나를 싫어해서일 거라고 나는 결론 내렸다. 학생 주임과 나의 악연은 오랜 역사를 자랑하니까!

악연의 시작은 이러했다. 한번 걸리면 졸업할 때까지 용의 선상에서 내려놓지 않는다고 해서, 학생 주임의 별명은 불독이었다. 장난으로 연습장에 학생 주임을 불독처럼 그린 걸 딱 걸린 날이었다.

"박명수, 이거 담임 선생님 갖다 드린다."

'영어 선생님이 어떻게 이 그림을 보고 담임을 떠올린 거지?'

이런 생각이나 하고 있을 때 영어 선생님은 그림을 가져갔다. 그날 마지막 교시가 끝날 때까지 조마조마한 마음으로 학생 주임의 불호령을 기다려야 했다. 학생 주임은 종례 시간이 되어서야 나타났다. 학생 주임은 그때도 우리 반 담임이었고, 2학년이 된 지금도 우리 반 담임이다. 2년 연속 학생 주임이 담임인 학생은 전교에 나 하나뿐이다. 그날 학생 주임은 내 연습장을 들고 한마디만 남겼다.

"박명수, 그리려면 비슷하게라도 그려라."

그러니까 그건 험악하게 생긴 불독이 선량한 한 학생의 바지를 물고 놓지 않는 그림이었다.

"불독이 그냥 넘어간다는 건 있을 수 없는 일이야."

형수는 내가 불독에게 앙갚음을 당할 거라고 장담했다. 그리고 그 말은 정말로 현실이 되었다. 그날 이후 학생 주임은 허구한 날 나를 교무실로 불렀다. 그러고는 대뜸 이렇게 말했다.

"어이, 박명수! 나한테 할 말 없냐?"

여기까지 말하고 뜸을 들인다. 그러면 나는 바짝 긴장해서, 무슨 죄를 진 건 없는지 온갖 생각으로 머리가 가득 차는 거였다.

"없…… 없는데요."라고 하면, 요새 영어 시간에 졸지는 않느냐, 체육 시간에 아프다고 빠졌다는데 진짜 아팠냐, 평소에 운동도 해야 공부도 잘되는 거 아니겠느냐, 요즘에도 사회 시간에 선생님한테 엉뚱한 질문 던지고 그러냐…… 뭐, 이런 식의 일장 연설을 늘어놓는다. 그러니까 불독한테 나는 말썽 용의자 목록 맨 꼭대기에 있었던 거다.

"왜 항상 나냐고!"라며 내가 교실에 돌아와서 성질을 부릴 때마다 김형수는 옆에서 단어 책을 가리키며 말했다.

"너는 『우선순위 영단어』 'Day 1'이니까!"

그러니까 형수 말은 이랬다. 자신은 영어 공부를 하겠다고 다짐할 때마다 매번 『우선순위 영단어』 'Day 1'부터 다시 보게 되는데, 이것이 흡사 불독이 학생들 기강을 잡겠다고 다짐할 때마다 매번 나부터 부르고 보는 거랑 똑같다는 것이었다. 형수의 영어 공부가 첫 장에서 끝날 때가 대부분인 건 두말하면 잔소리였다. 첫 장은 너덜너덜했지만 뒤로 갈수록 지문 자국 하나 없는 새 책이었으니까! 정말이지 내가 사고라도 친다면, 불독은 청소년 드라마에서 봤던 인물처럼 단어장을 찢어서 삼켜 버릴 것만 같았다. 그러니까 교내 봉사 1개월 처분은 불독이 'Day 1' 부분을 찢어서 삼켜 버린 사건과 같다고 우리는 잠정 결론을 내렸다.

방학이 될 때까지 형수와 나는 꼼짝없이 본관 1층 남자 화장
실 청소와 운동장 쓰레기 치우기를 해야 했다. 먹고 버린 아이
스크림 껍질, 과자 봉지, 음료수 캔, 가끔 자전거 주차장 뒤에 버
려진 담배꽁초까지 커다란 집게로 집어다가 쌀 포대에 넣는 일
을 점심시간마다 했다. 그러니 록 밴드의 카리스마와 명성, 스타
성은 돌이킬 수 없는 몰락의 길을 걸을 수밖에 없었다. 아니, 사
실은 단숨에 몰락해 버리고 말았다. 망할 놈의 집게 때문에 말이
다. 공연장에서 선망의 눈으로 쳐다봤을 남자아이들은 이제 우
리를 보고 '집게 맨'이라고 놀려 댔다. 지나가는 여자애들이 힐
끔거릴 때면 정말이지 쓰레기가 잔뜩 들어 있는 포대 자루 속에
라도 숨고 싶은 지경이었다. 그러니 형수나 나나 2학년이 되어
무슨 동아리를 선택할 것인가는 우리의 '가오'가 걸린 중요한 문
제였다.

영화 감상 동아리는 사회 수업을 하는 최동진 선생님이 맡고
있었다. 세계중학교의 미스터리 가운데 하나를 밝혀 두자면, 잘
생긴 것과는 영 거리가 먼 최동진 선생님이 여학생들에게 선망
의 대상이라는 사실이다. 교무실에 갈 때마다 선생님은 여학생
들에게 둘러싸여 있었다. 총각 선생님이 희귀한 학교에서는 이
런 괴이한 현상이 발생하는 모양이다.
동아리 수업을 하던 첫날, 선생님 덕인지는 몰라도 교실은 여
학생 비율이 압도적으로 높았다. 교실에 들어서자 향긋한 꽃내
음이라도 나는 것 같았다. 선생님에게 처음으로 고마운 마음이
들었다. 성비가 안 맞는 우리 학교에서 나는 2년 연속 남학생 반

에 배정되는 비극을 겪은 불운의 사나이였으니까. 어쨌거나 결론은 2년 연속 남학생 반에 배정된 남자아이가 최동진 선생님의 영화 감상반을 택한 것은 최고의 선택이었다는 사실이다.

이날 본 영화는 〈빌리 엘리어트〉였다. 영화 속 남자 주인공 빌리도 여학생들만 잔뜩 있는 방과 후 교실에서 발레를 배우고 있었다. 나와 상황이 비슷하다. 빌리는 아버지의 반대를 극복하고 발레리노가 된다. 해피 엔딩, 아름다운 영화다! 나도 빌리처럼 꿈과 끼를 펼치며 우아하게 하늘을 날고 싶어졌다. 물론 그 덕에 여학생들의 관심까지 받게 되면 더할 나위 없고!

영화 감상반 수업은 본관에서 운동장을 가로질러 가면 있는 별관 건물인 문화관 1층 영화 감상실에서 한다. 나는 수업이 끝나면 본관 건물로 돌아가는 길을 윤하와 함께 걸어야겠다고 생각했다. 완벽한 계획이었다.

그렇지만 윤하는 혼자가 아니었다. 왜 내 인생은 계획대로 되는 게 하나도 없는 걸까? 윤하 옆에는 이효주와 고보람이 떡하니 버티고 있었다. 효주와 보람이를 발견한 나는 멀찍이 떨어져 걸었다. 그런 나를 보고 고보람이 먼저 말을 걸어왔다. 고보람은 인기가 많다. 물론 여자애들 사이에서 말이다. 고보람이 한마디 할 때마다 교실에서 여자애들 웃음소리가 터져 나온다는 말을 형수에게 들은 적이 있다.

"너도 영화반인가 봐?"

"어…… 왜?"

"너 밴드부였지? 작년 축제 때 기타 부순 애 맞지? 영화반에서 프로젝터 부수고 그러면 안 된다."

고보람의 말에 효주가 목젖이 보이도록 웃었다. 옆에 있던 윤하도 웃었다. 하필 윤하가 있는 데서 그런 말을! 집게 맨이라는 말이 나올까 봐 가슴이 콩닥이고 있을 때, 윤하가 나를 보며 물었다.

"영화 좋아하나 봐?"

"좋아해. 휴머니즘을 주제로 한 영화들을 좋아하지."

나는 목소리를 가다듬으며 덧붙였다.

"〈아이언맨〉, 〈반지의 제왕〉 이런 거."

옆에 있던 고보람이 나를 쳐다보았다.

"그 영화들이 휴머니즘이랑 무슨 상관인데?"

"아이언맨이 지구를 구하는 거 몰라?"

"어, 몰라."

고보람이 톡 쏘며 대답했다. 계획에 없던 인물이 등장하더니, 심지어는 훼방을 놓고 있었다.

그때 윤하가 빙긋 웃으며 말했다.

"나는 〈해리 포터〉 좋아해. 〈반지의 제왕〉도 그런 거지? 소설을 영화로 만든 거. 해리 포터 시리즈, 내가 어릴 때 정말 좋아하던 소설이거든. 영화로도 봤어. 그런 걸 영화로 만들다니, 정말 대단했어."

"그래, 그런 거. 나도 그런 걸 좋아해, 윤하야."

내가 씩 웃으며 윤하를 바라보았다. 윤하랑 눈이 마주쳤다. 영화반을 잘 들었다는 생각이 들었다. 왠지 영화감독 같은 걸 한다면 더 멋있을 거라는 생각도 뭉게뭉게 피어올랐다.

"영화 감상반 재밌었냐?"

형수가 물었다. 하굣길은 항상 형수랑 함께였다.

"당연하지. 나 영화 찍을 거야. 축제 때 영화감독으로 데! 뷔! 어떠냐?"

형수가 단춧구멍 같은 눈을 커다랗게 뜨고 나를 쳐다보았다.

"영화를 찍는다고? 또 무슨 사고 치려고? 집게 맨 한 번 더 하게?"

"야, 영화는 예술이야. 예술을 했다고 벌받는 건 말이 안 되지. 부러우면 너도 같이 해."

"됐어, 나 끌어들이지 마라. 난 팝송 감상반 들었다. 난 건전하게 영어 공부나 할 거다!"

나의 멋진 포부와는 상반되게, 형수는 뭐 대단할 것도 없는 팝송 감상반을 들었다고 했다. 세종이가 같이 들자고 했다나 뭐라나. 세종이는 형수처럼 초등학교 친구다. 하지만 중학생이 된 이후 왠지 사이가 어색해져 버렸다.

"너 또 여자애들 앞에서 폼 잡고 싶어서 그러는 거지?"

형수는 내가 뭐만 하면 죄다 폼 잡으려고 하는 줄 아는 녀석이다.

"아니야, 그런 거."

나는 애써 정색을 했다. 형수가 잠자코 있다가 물었다.

"영화를 어떻게 찍을 건데?"

"카메라부터 구해 봐야지. 감독의 멋은 카메라에서 나오는 거야!"

그러니까 영화를 찍으려면 일단 그럴싸한 카메라가 필요하다는 것이 내 생각이었다. 문제는 돈이었다. 찾아보니 카메라를 사려면 적어도 20만 원은 필요했다. 값싼 모델이 그렇다는 얘기지, 가격은 천정부지로 높아지는 게 이 물건이었다. 목돈을 어떻게 구하나 한숨이 나왔다.

중학생이 되면서 내 키는 무려 10센티미터나 고공 행진을 했지만, 성적은 번지점프라도 한 양 급격한 하향 곡선을 그렸다. 1학년 1학기 성적은 번지점프 줄 아래 대롱대롱 매달린 것처럼 저 아래에 위태롭게 걸려 있었다.

당연히 부모님, 특히 엄마가 성화였다. 2학기엔 시험이 없었지만, 보습 학원 종합반을 다녀야 했다. 방학에는 영어 과외까지 받아야 했고. 그런데도 엄마의 공부 타령은 끝없이 이어졌다.

한번은 과외 수업이 끝나고 과외 선생님과 엄마가 긴 시간 대화를 나누었다. 그날 밤, 엄마는 기어이 나를 불렀다.

"명수야, 엄마랑 대화 좀 하자."

엄마가 대화를 하자는 말은 언제나 무섭다. 지옥의 잔소리를 들어야 한다는 의미니까.

"너 앞으로 계획이 어떻게 돼? 방학도 끝나 가는데⋯⋯."

"무슨 계획?"

"아무 계획도 없이 빈둥빈둥 그렇게 방학을 다 보내 버릴 거야? 요새 영어 과외 숙제도 잘 안 한다며? 한두 푼도 아니고, 엄마도 큰맘 먹고 시켜 주는 건데 열심히 해야지."

"엄마가 하라고 해서 한 거잖아. 누가 과외 한댔어? 선생님 이제 오지 마시라고 해."

나는 대화를 그만두고 내 방으로 향했다. 들어가서 방문을 잠가 버렸다. 엄마가 내 방 앞에 서서 말했다.

"문 열어, 박명수."

"그러니까 내가 과외 하기 싫다고 했잖아."

방문을 사이에 두고 내가 말했다.

"그래 가지고 네가 대학에나 갈 수 있을 것 같아?"

또다시 그놈의 대학 얘기다. 귀에 이어폰을 꽂고 음악을 틀었다. 선곡은 '아웃 오브 컨트롤'! 무한 재생 버튼을 눌렀다. 책상에 엎드려 있으니 엄마 목소리가 음악에 묻혀 갔다.

'학교-학원-집, 거기에 과외까지. 내가 무슨 공부하는 기계라도 되냐고?'

그날 이후 엄마와의 전쟁이 이어졌다. 아침밥을 먹을 때마다 어색한 침묵이 흘렀다. 되도록이면 엄마를 피하려고 아침 일찍 도서관에 간다고 나갔다가 밤늦게 집으로 돌아갔다. 그런데 아무리 늦게 들어가도 엄마가 거실에서 텔레비전을 보고 있었다. 그리고 내가 거실을 지나가면 텔레비전을 끄고 방으로 들어갔다. 갈수록 집이 더 답답하게만 느껴졌다.

방학이 끝나고 새 학기가 시작되었을 때, 아침밥을 먹으면서 엄마가 종이 한 장을 내밀었다.

"등록해."

수강증이었다. 결국 엄마가 원하는 건 학원을 하나 더 다니라는 거였다. 그렇게 방과 후 오후 일정은 내 의사와는 상관없이 김정미 수학 교실로 결정 나 버리고 말았다.

김정미 수학 교실에서 내가 듣는 수업은 '자사고 대비 예비고1 심화 수학반'이었다. 학원에 가서 보니 수학 성적이 가장 낮은 아이들이 듣는 수업이었다. 그 위로 '특목고 대비 심화 수학반'과 '예비 스카이 심화 수학반'도 있었으니 말이다. 수학 강사는 시종일관 앞줄에 앉은 서너 명의 아이들만 쳐다보면서 수업을 했다. 교사들 사이에서는 이런 주문이 도는 게 분명했다.

'수포자(수학 포기자) 보기를 돌같이 하라!'

김정미 수학 교실에서 병풍 역할을 한 달쯤 했을 무렵이었다. 그날도 나는 수업이 끝나자마자 곧장 엘리베이터로 향했다. 교실에선 병풍이었을지언정 우리 수포자를 누가 무시하랴! 그것은 대단한 발놀림이었다. 엘리베이터는 엄청난 속도로 자리를 차지한 수포자들로 가득했다. 모두 그들 각자의 리그로 향하고 있을 것이다. 전사들 사이로 엘리베이터 벽에 붙은 전단지 한 장이 눈에 띄었다.

청소년 아르바이트 모집

청소년 아르바이트를 모집한다고? 수포자의 우울을 극복하고 영화감독으로 새 출발을 알리는 팡파레가 울려 퍼지고 있었다. 그리고 이런 생각도 함께 스멀스멀 떠올랐다. 감독이라면 모름지기 수학 성적 하나쯤은 꽝이어도 괜찮겠지.

전단지에는 이 건물 6층에 있는 심오한 연구소에서 청소년 연구 보조원을 구한다고 쓰여 있었다. 그렇다! 김정미 수학 교실에 오게 된 것은 심오한 연구소로 가는 길이었던 것이다! 이래서 엄마 말을 들어야 하는 건가 보다.

6층은 옥상이었다. 계단을 따라 올라가니 분홍색 철문이 보였다. 철문의 문고리를 돌리니까 덜컥 문이 열렸다. 옥상에는 네모나게 생긴 집과 널따란 평상이 있었다. 그리고 꽃이 심어진 화분들, 쌈 채소 같은 게 자라고 있는 스티로폼 상자들도 보였다. 네모난 작은 집 문 앞에는 이런저런 짐들이 쌓여 있었다. 집 앞으로 가서 문을 두드렸다. 문이 세차게 흔들렸다.

"문짝 부서지겠네!"

내 또래로 보이는 여자아이가 부스럭거리며 나왔다. 피부가 하얗고 주근깨가 난 여자애였다.

"누가 뭘 부쉈다고 그러냐! 인기척 좀 한 거 가지고……."

"인기척 두 번만 냈다간 문짝이 남아나질 않겠다!"

여자애는 한국인인 듯 외국인인 듯 아리송한 얼굴이었는데, 한국말을 잘했다. 여자아이 뒤로 웬 아주머니가 보였다. 짐을 정리하다 말고 아주머니가 내 쪽을 바라보았다.

"누구실까?"

아주머니가 물었다. 저분이 아르바이트 채용 전단지를 붙인 걸까?

"아, 안녕하세요. 아르바이트 전단지 보고 왔어요."

아주머니의 눈이 반짝 빛났다.

"들어오렴."

아주머니가 안으로 안내했다. 여기저기 이삿짐 상자들이 널려 있고, 정리되지 않은 책들이 잔뜩 쌓여 있었다. 연구소라기보다는 비밀 아지트 같은 느낌이 들었다.

"안녕, 난 설리라고 해."

아까 그 여자아이가 먼저 인사를 했다.

"난 박명수. 근데 너 왜 아까부터 반말이야? 몇 학년이야?"

"넌?"

"난 중2."

"나도 중2쯤 돼! 근데 한국엔 '중2병'이라는 게 있다던데, 너도 혹시 중2병이야?"

중2도 아니고 중2쯤이라니! 게다가 나보고 중2병이라고? 설리라는 애는 재미없는 얘기를 꺼내 놓고 혼자 신이 난 듯 킥킥거렸다.

"설리야, 냉장고에서 마실 것 좀 꺼내다 주겠니?"

아주머니가 그 아이에게 심부름을 시켰다. 아주머니는 테이블 옆에 있는 의자로 나를 안내했다.

"저, 여기서 아르바이트 뽑는 거 맞죠?"

긴가민가해서 내가 물었다.

"그래, 내 연구를 도와줄 청소년 연구 보조원이 필요하단다. 나는 심오한 박사라고 해."

아주머니는 인류학을 연구하는 사람이라고 했다.

"뭘 하면 되는 건데요?"

"음, 학생들이 어떻게 놀고 있는지 관찰하고 기록하는 일을 해 주면 된단다."

"뭐 하고 노는지를요? 왜 그런 게 필요하신데요?"

뭐 이런 이상한 아르바이트가 다 있나 하는 생각이 들었다.

"나는 노는 것이 얼마나 위대한 것인지 증명해 내는 일을 하고 있단다. 사람들이 놀지 못하게 되면 무슨 병이 나는지 연구하는 일도 하고 있지."

무슨 얘기인지 도통 모르겠다는 생각이 들었다.

"아무튼 애들 노는 걸 관찰해서 적어 오면 된다는 거죠?"

박사님은 미소를 지으며 고개를 끄덕였다.

"그런데 왜 아르바이트를 하려는 거야?"

설리라는 아이가 나를 보며 물었다.

"사고 싶은 게 있어서."

나는 답변을 하고서 고개를 돌려 박사님을 보며 말했다.

"최저 임금 이하면 저도 일 안 해요."

최저 임금이 얼마인지는 정확히 몰랐지만, 최저 임금 이하를 받으면 안 된다는 것쯤은 나도 알고 있었다.

"그럴 일은 없을 거야. 그런데 뭘 사고 싶은데?"

설리가 물었다.

"카메라를 살 거야. 영화를 찍을 거거든."

"카메라?"

이번에는 설리가 박사님을 보며 말했다.

"대가로 카메라를 줘도 되겠네?"

"좋은 카메라가 아니면 안 돼. 왜냐면 내 감독 데뷔작을 찍을 장비거든."

둘의 눈치를 살피며 나는 다시 한 번 못 박아 두었다.

"다큐멘터리 영화를 찍을 때 쓰던 카메라가 있단다. 전문가용이지. 원한다면 그 카메라를 줄 수도 있어. 물론 연구 보조 임무를 모두 완수했을 때 말이지."

박사님이 나를 보며 말했다.

맘에 드는 계약 조건이다. 나도 모르게 입가에 웃음이 번졌다. 박사님은 일주일에 한 번씩 연구소에서 만나 이야기하자고 했다. 별 이상한 아르바이트를 다 시킨다는 생각이 들었지만, 뭐 중학생이 아르바이트를 구하기란 쉬운 일이 아니니까! 게다가 학교에서 애들 노는 거나 보고 노트에 정리하면 그만인 일이었다.

집에 돌아가는 길에 아르바이트에 쓸 새 노트를 한 권 샀다. 감독의 자존심, 근사한 카메라를 꿈꾸며!

놀아서 죄송합니까?

학교에 가서 교실을 빙 둘러보았다. 괜히 허공에 대고 복싱이라도 하듯 주먹질을 해 대며 어슬렁거리는 놈, 퉁탕거리며 싸움인지 장난인지 서로 주먹질을 하는 놈들. 복도에는 추격전을 벌이는 놈들에, 실내화로 축구를 하는 놈들까지 있었다. 미묘하게 신경전을 벌이며 서열 다툼을 하는 애들도 보이고, 미친 것처럼 발광하며 뛰어다니고 소리 지르는 애들도 보였다. 교실이 흡사 정글 같다는 생각이 들었다. 몰려다니며 노는 꼴을 보고 있자니 괜히 피곤이 몰려왔다. 저 애들 중 내가 아르바이트 때문에 저희들을 관찰해서 노트에 적고 있다고 하면 길길이 날뛸 놈들이 한둘이 아닐 거다.

남학생들이 노는 모습은 대략 이렇다. 먼저 한 놈이 툭 친다.

그러면 맞은 놈이 욕하면서 툭 치고 그러다 얽히고설키고! 때리고 도망가고! 치고 박고! 장난이었다가 싸움이 되었다가 뭐 그렇고 그런 식의 놀이다. 말하자면 늘 몸으로 티격태격! 뭐, 그런데 대체 뭐가 장난이고 뭐가 싸우는 건지 잘 모르겠다는 뭐 그런 생각! 초등학교 때는 안 그랬는데, 어쨌거나 중학생이 되고 보니 그렇다는 얘기. 우리 반은 남학생 반이라 더 과격한지도 모르겠다.

관찰 노트에 교실 풍경을 보이는 대로 적어 보았다.

남학생 관찰 노트

1. 말뚝박기를 한다.
2. 칠판에 올라간다.
3. 실내화로 축구를 한다.
4. 추격전을 벌인다.
5. 괴성을 지른다.
6. 그냥 때린다?

여학생들을 관찰하는 건 쉬운 일이 아니었다. 2학년이 되어 영광스럽게도 남녀 합반에 배정된 형수네 반에 놀러 가 보고 오는 게 전부였다. 형수랑 얘기하는 척하면서 여자아이들을 관찰했다. 물론 그중에는 윤하도 있었다. 형수는 남녀 합반의 일원이

었을 뿐만 아니라, 윤하와 같은 반이라는 영광을 누리고 있었다. 내가 여자애들을 관찰하느라 형수 말을 놓칠 때마다 형수는 내 귀에 대고 속삭였다.

"너 쟤한테 관심 있냐?"

"오, 뷰티풀 시너리."

"뭐?"

"교실 풍경이 아름답다는 말이야. 언더스탠드가 안 돼?"

"무슨 소리야?"

형수는 못 알아듣겠는지 짜증을 냈다. 나는 형수가 알아채지 못하게 관찰 임무를 무사히 마쳤다.

여학생들 관찰 결과는 이러하다. 여자애들은 자주 만지작거리는 물건들이 있었다. 립글로스·파우더·아이섀도 같은 화장품, 아이돌이 나온 사진이나 잡지, 그리고 스마트폰 따위였다. 남자애들은 스마트폰으로 주로 게임을 했지만, 여자애들은 SNS에 집중하는 것 같았다. 여자애들은 남자애들처럼 뛰노는 대신에 거울을 보고 화장을 고치고, 아이돌 가수 이야기를 하고, 텔레비전 드라마나 예능 프로그램 이야기를 했다. 그리고 이런저런 연애 상담 같은 걸 서로 들어 주는 모양이었다. 삼삼오오 모여서 말이다. 눈짐작으로 여학생들을 나눠 보았다.

여학생 관찰 노트

1. 여학생들의 3대 놀이 귀중품

① 화장품

② 인기 아이돌 사진

③ 스마트폰

2. 여학생들의 부류

① 놀자파

쉬는 시간이면 아이라인 그리랴 입술 바르랴 분주한 아이들이다. 대체로 피부색보다 더 하얗게 화장을 하는 경향이 있고, 머리를 파마하고 염색한 아이들이 많다. 남자애들만큼이나 욕을 잘하는 애들도 많다. 말끝마다 욕이 5개씩은 붙는 것 같다.

② 모범생파

놀자파가 아닌 아이들은 대개 모범생파와 평범파로 나뉜다. 기준은 대략 성적? 공부 잘하고 성실한 아이들은 반에서 선망의 대상이 되는 것 같다.

③ 평범파

성적도 무난하고, 성격도 무난한 아이들이다. '학생답다.'거나 '착실하다.'는 평을 들을 때가 많다.

④ 코믹파

특별히 유머로 승부를 거는 아이도 있다. 그렇지만 이런 캐릭터는 흔하지 않다. 예: 고보람

관찰 노트 작성을 시작한 지 일주일이 다 되어 갔다. 내일은 연구소에 가기로 한 날이다. 점심시간이 끝나고 노트를 미리 챙겨 두려고 서랍 안을 더듬었다. 그런데 어떻게 된 일인지 손에 잡히는 것이라고는 며칠 전에 먹다가 처박아 둔 과자 봉지뿐이었다. 노트가 사라진 것이다.

　'누가 노트를 보기라도 하면 정말 큰일이다!'

　돈 좀 벌어 보려다가 공공의 적이 될 수도 있는 상황이었다. 아르바이트는 또 어쩌란 말인가! 심장이 쿵쾅거렸다. 친구들의 행동거지가 모두 의심스럽게 보이기 시작했다. 내 심장이 쿵쾅거리든 튕겨 나가든 그런 것과는 상관없이 시간은 잘도 흘러갔고, 교실은 전과 똑같았다. 쉬는 시간에 툭툭 치며 장난을 걸어오는 놈까지 모든 게 그대로!

　'대체 누가 노트를 가져간 걸까?'

　삐딱하게 의자에 앉아 오만 상상을 하며 인상을 구기고 있는 나에게 정식이가 권투를 하겠다며 다가와 내 팔뚝을 툭툭 쳤다. 평소 같았으면 맞대응을 했겠지만 짜증이 나서 꺼지라고 소리를 질렀다. 정식이는 욕으로 받아쳤지만, 내 표정이 심상치 않아 보였는지 제풀에 꺾여서 가 버렸다.

　마지막 수업이 끝날 때까지 노트는 보이지 않았다. 이날따라 형수는 학원 숙제를 아직 못 했다고 먼저 가 버려서 혼자 터덜터덜 교문 밖을 나섰다. 그때였다.

　"혼자 가? 같이 가자!"

　윤하였다. 오늘따라 윤하 옆을 언제나처럼 사수하고 있던 보람이와 효주도 보이지 않았다. 윤하가 내 옆으로 다가왔다. 윤하와 같이 걸으니 무겁던 마음이 조금은 가벼워지는 느낌이었다.

"오늘 영화는 어땠어?"

윤하가 내게 물었다. 영화 감상반 수업이 있던 날이었다. 이날 본 영화는 〈키리시마가 동아리 활동 그만둔대〉였다. 잘생겨서 인기도 많고 배구도 무척 잘해서 앞날이 창창한 배구부 주장 키리시마가 갑자기 진로 고민으로 종적을 감춰 버린다. 그러자 키리시마를 중심으로 엮여 있던 친구들이 충격을 받고 혼란에 빠진다. 그렇지만 오히려 그 때문에 주인공은 묵묵히 자신의 길을 걷는 친구들을 발견하게 된다. 야구 실력으로 대학에 가기는 어렵지만 여전히 야구에 열정이 넘치는 선배, 아직은 어설퍼도 자신이 좋아하는 영화를 찍기 위해 고군분투하는 동급생 친구의 모습에서 잔잔한 감동이 느껴졌다.

영화가 끝나고 최동진 선생님은 "지금 당장은 그들의 성과가 빛나 보이지 않지만, 땀과 열정으로 스스로 빛나는 학생들의 이야기가 아름답게 펼쳐져 있다."고 설명했다. 선생님은 그 밖에도 다른 말을 더 했지만, 그 말들이 어렴풋하게 다가와서 한 귀로 흘려들은 게 더 많았다. 어쨌든 영화는 재미있었다.

"재밌었어. 특히 마지막 장면."

내가 말하자 윤하의 시선이 나를 향했다.

"좀비 영화 찍던 장면 말하는 거야?"

"응. 그걸 찍겠다고 한바탕 난리를 벌인 후에 주인공이 한 마지막 대사가 멋졌어."

"무슨 대사?"

기억이 정확하게 나질 않았다.

"어…… 그러니까 영화 찍는 게 좋다는 뭐 그런 얘기였어. 나도 영화를 찍고 싶거든."

"영화를?"

윤하가 놀란 눈으로 나를 바라보았다.

"응. 일단 장비부터 구해야겠지만……."

"대단하다. 영화감독이 꿈이야?"

나는 고개를 끄덕였다.

윤하는 마침 뭔가가 생각났다는 듯이 입을 열었다.

"아 참, 최동진 선생님이 그러시던데, 영화 만드는 동아리를 하고 싶은 친구들은 언제든 말하라고. 선생님이 도와주신다고 말이야."

"그래?"

"응. 그런데 아직까진 아무도 없는 모양이야."

짧은 대화를 나눈 윤하는 학원 가는 길로 홀홀히 사라졌다.

혼자 남게 되니 다시 잃어버린 노트가 떠올랐다.

다음 날도 노트는 찾지 못했다.

하교 시간이 되자 먼저 수업이 끝난 형수가 교실 앞에서 기다리고 있었다.

"야, 너 기분이 안 좋아 보인다? 뭔 일 있냐?"

"없어, 그런 거."

교문까지 걸어 나와 언덕 아래로 내려갈 때까지 둘이 한 마디도 안 하고 걷는 건 또 처음이었다. 홍제천을 건널 때 형수가 더

는 못 참겠는지 나를 불러 세웠다. 그러더니 가방을 열고 주섬주
섬 뭔가를 꺼내는 게 아닌가!

"너 이거 때문에 그러냐?"

형수가 꺼내 든 건 내 관찰 노트였다.

"미쳤냐? 네가 왜 그걸 가지고 있어?"

내가 소리를 버럭 지르며 노트를 빼앗으려 하자, 형수가 뒤로
감추며 한 발 물러났다.

"이런 걸 대체 왜 쓰는 거냐?"

형수는 적반하장으로 따져 물었다.

"내놔! 이 도둑놈아!"

나는 잽싸게 노트를 빼앗아 가방에 집어넣었다. 형수는 우리
교실에 놀러 올 때마다 조용히 뭔가를 끄적이고 있던 나를 수상
하게 여겼다고 했다. 비밀 같은 건 없는 사이인데, 몰래 뭔가를
하고 있으니까 그렇게라도 해야 내가 비밀을 불 것 같았다나 뭐
라나.

관찰하는 나를 관찰하는 김형수라니. 내가 뭐 자기처럼 로맨
스 소설이라도 쓰는 줄 아는 모양이었다. 어쨌거나 나는 그간 있
었던 일을 형수에게 빠뜨리지 않고 이야기해 주었다. 형수는 자
기도 그 연구소에 가 보고 싶다고 했다. 아르바이트는 더 뽑지
않을 거라고 아무리 말해도 막무가내였다. 정말로 옥상에 연구
소가 있는지 자기 눈으로 확인해야겠다고 했다가, 설리라는 애
가 몇 학년인지 물어봐 주겠다고 했다가, 나중에는 급기야 분홍
색 철문이라도 한번 봐야겠다고 했다.

김형수는 영어 학원도 땡땡이치고 김정미 수학 교실 앞에서

수업이 끝날 때까지 나를 기다렸다. 밖에서 기다리라는데도 이 염치없는 놈은 학원 상담실에 떡하니 자리 잡고 앉아 스마트폰으로 게임을 하고 있었다. 학원을 나오면서 형수는 나도 알은척을 안 하는 학원 상담 선생님에게 넉살 좋게 인사까지 하고 나왔다.

학원 문을 닫고 나오자마자 형수가 말했다.

"너희 학원엔 어떻게 예쁜 애들이 하나도 없어?"

"지금이라도 안 늦었으니까 집으로 가, 이 도둑아."

나는 형수를 떼어 놓고 싶었다. 연구소에 가서 또 무슨 진상을 부릴지 모를 놈이니 말이다. 그러다가 아르바이트라도 잘린다면 카메라는 허공으로 사라져 버릴지도 모른다.

"무슨 소리야, 박사님이 날 기다리고 있는데! 대체 연구소는 어디냐?"

"너 따라올 거면 가서 얌전히 있어야 한다, 알았지?"

"걱정 마, 나를 믿어!"

"노트 스틸러를 어떻게 믿어? 도둑을 믿는 사람이 어디 있냐?"

나는 형수를 단단히 단속시키느라 여념이 없었고, 형수는 스틸러가 뭐냐고 물으면서 나를 따라왔다. 빨리 영어 학원으로 달려가서 영어 선생님한테 물어보라고 했지만, 형수는 딴청을 피우며 따라왔다. 옥상 입구에서 분홍색 철문을 보더니 "네가 분홍 철문이었냐? 만나서 반갑다." 하고 인사까지 했다.

옥탑방 연구소에 들어가니 박사님이 환히 웃으며 우리를 반겨 주었다. 옆에는 설리도 있었다.

"어서 와라, 명수 왔구나. 친구도 같이 왔네?"

"이놈이 자꾸 따라온다고 해서……."

"안녕하세요!"

형수는 내 말을 툭 끊어 먹고는 볼살이 터지도록 함빡 웃으면서 인사했다. 고개가 박사님을 향한 건지, 설리를 향한 건지 애매했다. 박사님은 날씨가 좋다면서 밖에 있는 평상에 앉아서 이야기하자고 했다. 나와서 보니 평상 위에는 전에 못 본 밥상도 있었다. 박사님은 빵이며 음료수를 쟁반에 들고 와서 상 위에 놓았다.

형수는 제일 먼저 피자 빵을 집어 들었다. 접시에 있는 빵 중에서는 딱 봐도 피자 빵이 제일 맛있어 보였다.

"야, 너 먹으러 왔냐? 작작 좀 처먹어라."

형수가 빵을 입에 잔뜩 물고는 어리벙벙한 표정으로 나를 한번 쳐다보더니, 곧 서글서글한 표정으로 박사님을 바라보며 말했다.

"먹어도 되죠?"

"그럼, 많이 먹으렴."

옆에 있던 설리도 거들었다.

"많이 먹어, 더 있어."

형수가 부끄러운 듯 웃으며 말했다.

"나만 먹기 뭐하네. 너도 먹어. 네 이름이 설리 맞지? 내가 걸 그룹 에프엑스의 설리 누나도 좋아하거든. 왠지 알던 사람 만난 것 같다, 헤헤."

저런 말을 아무렇지도 않게 내뱉는 놈이라니. 설리는 뭐가 웃기는지 막 웃어 댔다. 둘의 모습을 흐뭇한 표정으로 지켜보던 박사님이 내 쪽으로 시선을 돌렸다.

"관찰 아르바이트는 어땠어?"

"아…… 여기요. 애들 노는 거 보면서 써 봤어요."

나는 괜히 머리를 긁적이며 노트를 쓱 내밀었다.

"딱히 대단한 건 없어요. 애들 노는 게 뭐 그냥 만날 치고 박고 그러는 거라……."

박사님은 노트를 찬찬히 훑어보았다. 그래 봤자 몇 장 되지 않아서 종이를 넘기는 소리도 금방 그치고 말았다. 설리도 빵을 하나 집어서 우걱우걱 먹으며 박사님 옆에서 몸을 기울여 노트를 곁눈질했다. 내가 직접 쓴 글을 설리도 본다고 생각하니 얼굴이 후끈거렸다.

피자 빵을 다 먹은 형수가 다른 빵을 하나 더 집어 들고는 말했다.

"야, 너는 무슨 남 얘기 하는 것처럼 그런다? 너도 만날 그러고 놀잖아."

나는 형수를 노려보았다. 아무튼 간에 이런 도둑놈 식충이를 데려온 내가 멍청이인 거다.

박사님이 나를 보며 또 물었다.

"그래, 친구들을 관찰해 보니 어땠니?"

"시끄럽고 산만하다……? 복도에서 막 소리 지르고 뛰어다니고 그러니까요. 그래서 학생 주임이 소음 측정기까지 들고 다녀요. 몇 데시벨 넘으면 체육관 청소 시킨다고."

"왜 그렇게 소리를 지르고 뛰어다니며 노는 걸까?"

"그냥 그렇게 놀아요. 어차피 짧은 쉬는 시간에 딱히 다른 걸 하면서 놀 수가 없으니까."

"괜히 답답하고 그러니까 복도에서 소리 지르는 애들도 있어요."

형수도 옆에서 대답을 거들었다.

"그런 걸 보면서 명수는 어떤 생각이 들었어?"

박사님이 나지막한 목소리로 나에게 물었다.

"뭐, 욕심을 덜 부려 보자, 그런 생각도 들고요."

"무슨 욕심 말이니?"

"재밌는 것들에 빠져드는 그런 욕심이요. 막상 우리가 노는 모습을 관찰하는 일을 해 보니, 쟤네랑은 좀 달라져야겠다는 생각이 드는데⋯⋯. 그러니까 답답한 학교생활에서 받은 스트레스를 풀어 보려고 하는 발악을 좀 자제해야겠다는 생각이⋯⋯."

내가 말하고 있는데, 형수가 또 끼어들었다.

"영화 찍는 건 어쩌고?"

설리와 박사님이 동시에 나를 바라보았다.

"그 얘기가 여기서 왜 나오냐!"

"만날 사고 치고 다니는 놈이 갑자기 자제해야겠다고 거짓말을 해 대니까 그렇지."

박사님과 설리가 없었다면 욕이 날아갔겠지만, 꾹 참았다. 오랜만에 뭔가를 참으려니까 속에서 부글부글 끓어올랐다. 상 위에 있는 캔 음료를 따서 벌컥벌컥 마셨다. 음료수가 목으로 넘어가다 콱 걸려 코가 시큼했다. 내가 헛기침을 해 대니까 형수는 좋다고 웃어 댔다. 물론 "작작 좀 처먹어라." 하고 말하는 것도 잊지 않았다.

나를 지켜보고 있던 박사님이 다시 질문을 했다.

"그런데 왜 재미있는 것들을 줄여야겠다는 생각을 한 거니?"

내가 할 말을 생각하느라 머뭇거리는 사이, 형수가 냉큼 대답을 했다.

"공부해야죠. 학생은 공부!"

아무튼 공부 못하는 놈이 공부 같은 소리 하고 있다.

"뭐, 저도 가을 축제까지만 놀고 겨울방학 때부터는 안 놀 거예요."

나는 박사님을 보며 제법 의젓하게 말했다. 이런 결심을 말할 때 어른들은 보통 대충 넘어가 주거나 대견하게 바라봐 준다. 그러니까…… 이번에도 그럴 줄 알았다.

"명수는 노는 걸 자제해야겠다는 생각을 하고 있구나. 논다는 건 참 자연스러운 건데 말이야."

박사님이 나를 바라보며 말을 이었다.

"명수가 가져온 관찰 보고서를 보면, 답답한 마음에 그저 소리를 지르거나 하는 친구들도 있기는 해. 그렇지만 대부분의 경우에는 뭔가를 함께 하고 있는 게 보이는구나. 놀이는 누군가와 함께 할 수 있는 것이니까. 사실 별것도 아닌 것처럼 보이지만 놀이를 통해서 우리는 배우는 것도 많고, 기분 좋은 경험도 많이 한단다. 함께 뭔가를 하면서 재미있어하기도 하고, 감정이 상하기도 하지. 그런 과정에서 좋은 것도 생기고 싫은 것도 생기고, 또 친구들 관계에서 어떤 게 옳고 어떤 게 그른지도 자연스럽게 배울 수 있어."

듣고 있던 설리도 덩달아 맞장구를 쳤다.

"그러고 보니 너희는 노는 게 무슨 죄라도 되는 것처럼 얘기하네?"

"아니, 뭐 죄라기보다는……."

나는 형수에게 눈빛으로 SOS를 보냈다. 밥값, 아니 빵 값을 해라, 김형수!

"학생이 공부를 해야죠. 만날 놀다간 인생 망할 수도 있고."

형수가 말했다.

그 말을 듣다가 나도 모르게 한탄 섞인 말이 흘러나왔다.

"아, 공부 안 하고 성공하는 법 없나?"

내 말에 형수가 바로 반응했다.

"공부 안 하고 시험 잘 보는 법 좀 있으면 좋겠다. 좋은 대학을 가야 편하게 사는데."

"야, 좋은 대학 나왔다고 편하게 사냐? 좋은 대학 나와 큰 회사에 들어가도 울 아빠처럼 일에 치여 사는 건 마찬가지야. 아, 재밌는 거 좀 하고 살고 싶다, 진짜."

"우리 아빠는 마트 문을 새벽 6시에 열어서 밤 12시에 닫아. 쉴 시간도 없어."

형수가 말했다. 마트 사장님도 회사원도 일에 치여 사는 건 마찬가지인 모양이다.

"옛날 사람들은 일하는 시간보다 노는 시간이 더 많았다는 거 아니?"

나와 형수의 대화를 잠자코 듣고 있던 박사님이 말했다. 한탄을 하던 우리는 놀라서 박사님을 쳐다보았다.

"고대 이집트인들은 1년에 고작 70일을 일했대."

마트 아들답게 숫자 계산에 밝은 형수가 바로 날짜 계산을 하더니 말했다.

"헉! 1년이 365일이니까 거의 300일이나 놀았다는 거네요."

"1700년대 프랑스에서는 사람들이 일하는 날이 보통 1년에 180일 정도밖에 안 됐단다. 1년에 반을 놀았던 거지."

'파라다이스에 사셨구먼!'

나는 황당하다는 생각이 들었다.

"아니, 그럼 돈은 누가 벌어요?"

형수가 물었다.

"먹고사는 데 필요한 만큼만 일을 했던 거지. 봄이 되면 밭에 나가 씨를 뿌리고, 여름에는 싹이 잘 자라도록 돌보고, 가을에 곡식들이 누렇게 익으면 거두어들였지. 그리고 겨울에는 한가롭게 여가를 즐겼어. 친구들과 모여서 술을 마시거나 수다를 떠느라 밤을 새도 상관없었지. 그렇지만 자본주의가 발달하면서 상황은 많이 달라졌단다. 필요한 것보다 더 많이 벌고 모아 두기 시작한 거야."

자본주의란 말은 사회 시간에 들은 적이 있었다.

"자본주의가 시작되면서 수많은 사람들이 작업장에 가서 동시에 일을 하는 공장이란 게 생겨났단다. 일주일에 6일씩 하루에 약 12시간을 쉴 새 없이 일하게 되었지. 공장이 처음 생겼을 때는 이전 생활 습관이 몸에 배어 있어서 일하는 시간을 정확하게 지키지는 않았단다. 자기 마음대로 일을 나누어 하거나, 작업장을 오고 가고, 아무 때나 쉬는 시간을 갖고, 또 마음만 먹으면 게으름을 부릴 수도 있었지."

여기까지 설명하던 박사님이 나를 쳐다보며 말했다.

"명수가 옷 만드는 공장의 사장님이라고 해 보자. 출근 시간을 9시로 정해 놨는데, 일하는 사람들이 9시가 되어도 오질 않는 거야. 제각각 오고 싶을 때 오는 거지. 한 사람은 해가 중천에 떴는데 그제야 오면서 '어제저녁에 축구 경기를 보다가 밤을 새우는 바람에 늦잠을 잤어요.' 이러는 거야. 그러더니 또 한 사람은 '오늘은 제 생일이라 집에 가서 파티를 열어야 해서요.' 하고는 일찍 퇴근 도장을 찍어 버리네? 자, 박명수 사장님이라면 어떻게 하시겠어요?"

박사님이 재미있는 퀴즈라도 내듯이 나에게 물었다.

"이거야 원, 때릴 수도 없고……."

말해 놓고 보니 내가 학생 주임이라도 된 느낌이었다. 박사님이 빙긋 웃더니 말했다.

"시간 관리가 중요해진 이유는 바로 이거야. 일을 시키려면, 그것도 많이 시키려면 일하는 사람들이 시간을 딱딱 지키는 게 중요하겠지. 일하는 사람들이 일을 많이 해야 공장 사장이 돈을 더 많이 벌 테니까! 그래서 어떻게 했을까? 공장 사장들(자본가)은 일하는 사람들(노동자)이 시간을 중요하게 여기도록 엄격한 규칙을 만들었어. 지금 우리가 당연하게 여기는 시간관념은 이때 만들어지기 시작한 거란다. 시간을 지키게 하려고 어떤 규칙들을 만들었을 것 같니?"

박사님의 질문에 이번에는 형수가 대답했다.

"시간을 안 지키면 벌을 줘야죠! 음, 오리걸음? 운동장 뛰기? 앉았다 일어났다 50회? 아, 맞다! 집게 맨 시키면 딱인데!"

형수는 기어이 추억의 집게 맨까지 들추어 냈다.

"집게 맨이 뭔데?"

설리가 반짝이는 눈으로 형수를 바라보았다.

"커다란 집게랑 포대 자루 같은 걸 들고 학교 구석구석 돌아 다니면서 쓰레기를 치우는 일이야. 진짜 쪽팔려."

나는 형수가 더 쪽팔렸다.

"야, 김형수, 학교도 아니고 공장인데 누가 집게 맨을 하냐? 뭐, 승진을 안 시켜 주거나 회사에서 잘리거나 그랬겠지."

'이러다가 회사 잘리는 거 아니야?'라는 말은 아빠가 회사에 지각할 때마다 누가 듣든 말든 혼자 하는 말이다. 그 말을 매번 엄마와 내가 들었고, 귀여운 동생 민주도 들었을지 모를 일이다.

형수와 나의 대화를 듣던 박사님이 오래전 공장 규칙에 대해 얘기해 주었다. 박사님이 한 말이 진짜 공장 규칙이었다면 대충 이런 게 공장 게시판에 붙었을 거다.

공장 규칙

1. 지각하면 벌금!

2. 작업장을 멋대로 나가면 벌금!

3. 휴식 시간 외 휴식은 벌금!

4. 잡담하면 벌금!

5. 사장 욕하면 벌금!

6. 노래 부르면 벌금!

7. 졸면 벌금!

"형수가 지각하면 선생님이 화장실 청소도 시키고 하듯이 공장주들도 그렇게 노동자들에게 벌금을 물렸던 거야. 시간을 잘 지키고 근면한 일꾼으로 만들려고 말이지. 그런데 아무리 공장 안에서 시간을 잘 지키고 근면 성실하다 해도, 퇴근 후에 밤늦게까지 놀아 버리면 어떻게 되겠니?"

박사님이 묻자 형수가 대답했다.

"수업 시간에 조는 거죠, 뭐!"

형수는 그 공장을 제가 다니는 학교쯤 된다고 생각하는 모양이었다. 그러니 정정해 줄 수밖에!

"수업 시간이 아니라 근무 시간이지, 이 멍청아!"

"느에, 느에, 느에."

알았다며 빈정거리는 형수를 보며 설리가 또 키득거렸다. 박사님이 이야기를 계속 이어 갔다.

"안 졸게 하려면 어떻게 하면 될까?"

이번에는 형수가 헛소리를 하기 전에 내가 먼저 대답했다.

"보통 저희 학교에서는 뒤로 나가서 잠 깰 때까지 서 있으라고 해요. 세수하고 오라는 선생님도 있고요."

"명수는 학교에서 많이 조니?"

"네, 뭐 피곤하니까. 지루하기도 하고요. 저보다는 형수가 엄청 졸아요. 안 그러냐, 김형수?"

형수가 방심했다는 표정으로 나를 쳐다보았다. 박사님이 형수에게 물었다.

"학교에서 왜 그렇게 조는 거니?"

"뭐, 그냥 늦게 자다 보니까……."

"얜 밤늦게까지 로맨스 소설 읽어요."

나는 형수에게 한 번 더 펀치를 날렸다.

"그게 왜 로맨스 소설이냐? 저 그런 거 안 읽어요."

김형수는 당황한 기색이 역력했다.

"형수는 밤에 독서를 하느라 늦게 자는구나."

"로맨스 소설은 진짜 아니라니까요. 아, 박명수! 알지도 못하면서."

"그래, 형수가 저녁에 집에 가서 자신이 좋아하는 책을 읽는 것처럼 옛날 사람들도 저녁에 집에 돌아가서 각자의 취미를 즐겼단다. 친구들과 놀러 가기도 하고, 연애도 하고, 술도 마셨지. 누구든 그렇게 할 거야. 그런데 이게 지나치면 어떻게 됐겠니?"

"학교에서도 소설을 읽습니다."

내가 신이 나서 대답했다.

"그래, 그럴 수도 있지. 그리고 밤늦게까지 놀다 보면 다음 날 분명 피곤해서 일터에 와서는 졸고 말 거야."

"그래서 김형수가 그렇게 학교에서 조는 거구나."

내가 형수를 쳐다보며 놀리는 투로 말했다.

"그렇게 졸고 있으면 공장장의 마음은 어떨까? 이번에는 이 사람들을 밤에도 못 놀게 하고 싶겠지? 공장에서 졸지 않게 말이야. 당시에 공장장들은 개신교를 많이 믿었는데, 개신교는 금욕과 절제를 강조했어. 공장장들이 노동자들에게 바라는 것도 똑같았지. 일 끝나고 어디 가서 놀지 않고 집에서 쉬면서 재충전

하기를 바랐던 거야. 그러면 사람들은 다음 날 일터에서 온 힘을 쏟아부을 수 있을 테니까. 사람들 사이에 개신교가 널리 퍼져 나가면서 금욕과 절제가 강조되었고, 급기야는 노는 것을 여러 가지 법으로 금지하기 시작했단다."

"어떤 것들을 못 하게 했는데요?"

형수가 마치 스마트폰이라도 빼앗긴 것처럼 억울한 표정으로 물어보았다. 이번에는 설리가 금지된 놀이들을 줄줄이 늘어놓았다.

"닭싸움 금지! 축구 금지! 도박 금지! 공연장 폐쇄! 성가 이외에 노래 금지! 춤도 금지!"

"헉! 대박! 미쳤어!"

형수가 소리쳤다.

"대체 되는 게 뭐야?"

나까지 소리를 버럭 지르자, 설리는 신이 났는지 한 가지를 더 읊어 댔다.

"심지어 일주일을 열흘로 늘려 버렸대!"

"지저스!"

형수와 내가 동시에 소리를 질렀다. 설리는 알고 있는 건 몽땅 불어 버리겠다는 듯이 술술 읊었다.

"일요일에는 교회에 갔다 오는 것 말고는 문밖에도 나가지 못하게 한 시기도 있었대. 정말 무서운 법들을 만든 거지. 이 끔찍한 법들은 18세기가 되어서야 사라지게 되었대. 그때는 다시 한 주가 7일로 돌아오고, 극단적인 조치들도 폐지되었다고 해."

"와! 근데 설리 넌 어떻게 이런 걸 다 알아?"

형수가 신기한 듯 물었다.

"전에 다니던 학교에서 역사 시간에 배웠어."

역사 시간에 언제 저런 걸 다 가르쳐 줬나 싶었다.

박사님이 흐뭇한 표정으로 설리를 바라보고 나서 말했다.

"이쯤 되니 사람들은 이제 노는 게 죄 같고, 놀고 있으면 불안하다는 생각이 들게 된 거란다."

박사님의 말을 듣고 있자니 어째 나도 불안한 마음이 들었다.

아니나 다를까, 그때 전화벨이 울렸다. 엄마였다. 귀가 시간이 늦어지니까 전화를 걸어 성화였다. 학원에서 보충 수업을 했다고 대충 둘러댔다. 그러고 보니 밤하늘이 어두웠다. 설리가 가지고 나온 스탠드 주변으로 날벌레들이 날아들었다 사라졌다를 반복했다.

형수가 입 모양으로 '가자.'고 말했다. 내가 평상에서 일어나 저린 다리를 탈탈 털고 있으니까, 형수는 한 번 더 입 모양으로 '알바비, 알바비.'라고 말했다.

'아, 맞다! 알바비!'

"저, 그럼 카메라는 언제 주실 거예요? 관찰 아르바이트는 계속해요?"

박사님이 웃으며 나와 형수를 번갈아 보았다.

"중요한 일이 아직 남아 있단다."

그러면 그렇지. 호락호락하게 카메라를 줄 리가 없지. 어쨌든 공짜는 없는 법이니까!

"그게 뭔데요?"

내가 물었다.

"이번에는 친구들이 놀면서 생기는 고민들을 직접 듣고 수집해 오렴. 생생한 고민 사례를 5개쯤 수집해 오면 네가 원하는 걸 들어줄게."

박사님이 웃으며 말했다.

"네?"

내가 놀라서 물었다.

"애들이 그런 얘기 잘 안 할걸요."

내가 하고 싶은 말을 형수가 대신 했다. 그러자 옆에 있던 설리가 나섰다.

"방법이 있을 거야. 나도 도울게."

형수는 설리의 말을 듣더니 마치 자기 아르바이트라도 되는 양 말했다.

"뭐, 한번 해 보자. 우선 친한 애들부터 물어보자. 정식이나 호연이나 만날 노는 놈들이니까 고민 하나쯤은 있겠지."

정식이나 호연이는 작년에 같이 밴드부를 했던 애들이다. 박사님은 다음 주에 다시 이곳에서 만나자고 했다.

"그런데 너네 무슨 중학교라고 했더라?"

집으로 돌아가려는 우리 뒤에 대고 설리가 물었다.

"세계중학교. 왜?"

형수가 씩 웃으면서 대답했다. 설리의 부탁이라면 뭐든 들어줄 기세였다.

"그냥 궁금해서. 잘 가!"

설리가 손을 흔들었다. 굳이 학교를 물어보니까 찜찜한 기분이 들었지만, 애써 손을 흔들고 나왔다.

형수가 1층으로 내려가는 엘리베이터를 타자마자 호들갑을 떨었다.

"와, 대박! 진짜 예뻐! 장난 아냐!"

"미쳤냐? 뭐가 예뻐?"

그날 집으로 돌아가면서 형수는 설리가 얼마나 예쁜지를 한참이나 떠들어 댔다. 나는 형수 때문에 얼마나 쪽팔렸는지를 한참이나 이야기했다. 어쨌거나 영화감독이 될 날이 가까워진다는 생각에 기분이 들떴다.

다음 날, 학교에는 심장마비를 유발하는 전학생이 와 있었다.

3

이상한 전학생과 비밀 상담소

"대박! 대박!"

1교시 수업이 끝나자마자 형수가 우리 교실로 달려와서 소리쳤다.

"전학생 왔대! 전학생!"

"5반, 5반, 5반이래!"

형수가 숨이 넘어갈 듯이 말했다.

"왜 또 전학생이 네 이상형이냐?"

내가 묻자 형수는 다짜고짜 내 팔을 붙잡고 5반으로 끌고 갔다. 거기에는 새로 온 전학생이 아이들에게 둘러싸인 채 앉아 있었다.

형수는 5반 뒷문에 서서 어찌할 바를 모르고 발을 동동 구르며 말했다.

"설리야, 설리."

"뭐!"

"아, 인사해야 하는데……."

5반 아이들에게 가로막혀 가까이 가지도 못하게 되자, 형수는 안절부절못했다. 그때 설리가 두리번거리며 뒤를 돌아보았다. 눈이 딱 마주쳤다. 이런! 정말 설리였다. 설리는 격하게 손을 흔들었고, 형수는 미친 듯이 좋아했다.

수업이 다 끝나고 집에 갈 때가 되어서야 우리 셋은 다시 모여서 이야기를 나눌 수 있었다.

"야, 너는 말도 없이 이게 뭐냐? 근데 너 영국에서 왔냐?"

내가 설리한테 물었다.

"응, 그렇게 됐어."

설리는 내가 놀란 게 무슨 재미있는 일이라도 되는 듯한 표정이었다.

"서프라이즈하고 좋구먼, 뭘 그래!"

형수는 그저 좋아 죽고 있었다.

"고민 수집은 잘돼 가?"

설리가 나랑 형수를 번갈아 보며 물었다.

"친구들이 헛소리하지 말래."

내가 대답했다. 진지한 표정으로 내게 고민을 말해 줄 위인은 세계중학교에 한 명도 없었다.

"그래서 말이지, 어제 생각해 봤는데 몰래 학교에 대자보를 붙여 보면 어떨까? 익명으로 고민을 보내 달라고 하는 거지. 재미 삼아 보내는 애들이라도 있지 않을까?"

내가 설리를 보며 말했다. 어쩌다 대학교 앞을 지나가다 보면 길목이나 게시판에 이런저런 것들이 쓰여 있는 큰 전지가 붙어 있곤 했다. 그런 걸 흉내 내어 보고 싶었다.

"그런 거 허락 안 받고 붙이면 선생님들이 별로 안 좋아할 것 같은데?"

형수가 말했다. 징계를 한번 받아 본 이후 형수의 생활신조는 '눈에 안 띄게 살자.'인 게 분명했다.

"그리고 애들이 뭐가 한가하다고 그런 메일을 쓰겠냐?"

형수는 이래저래 대자보를 붙이는 게 마음에 걸리는 모양이었다. 그때 설리가 좋은 생각이라도 번뜩 떠오른 것처럼 말했다.

"우리가 상담을 해 주겠다고 하면? 그럼 고민 상담을 하고 싶어서 보내는 애들도 있지 않을까?"

"우리가 상담을 하자고?"

이건 아르바이트를 넘어서는 일이었다.

"응! 재미있을 것 같지 않아? 그리고 그냥 고민을 적어 보내라고 하면 나라도 안 보낼 것 같거든. 그렇지만 상담받을 수 있다면, 한번 보내 볼까 생각할 것 같아."

설리 말을 듣고 보니, 상담을 안 하고 다짜고짜 고민을 수집하는 건 어쩌면 불가능한 일인지도 모르겠다는 생각이 들었다. 고민을 제대로 수집해야만 카메라도 생길 테니까 안 할 수도 없는 노릇이었다. 어차피 카메라가 생길 때까지는 지루하고 한가로운 날들이 이어질 테니까, 고민 상담을 하는 것도 나쁘진 않을 것 같았다.

다음 날 학교 수업이 끝나고 우리는 빈 교실에서 다시 만났다. 형수는 여전히 걱정이 가시지 않은 표정이었다. 형수에겐 안됐지만, 고민 수집을 제대로 수행해야 폼 나게 감독 데뷔도 할 수 있을 테니까 바로 활동을 개시했다.

대자보를 쓰기 위해 나는 전지를 사 오고, 형수는 교실에 굴러다니는 매직펜을 구해 왔다. 형수는 유령 연구원을 하는 걸로 결론지었다. 유령 연구원이라도 참관할 권리가 있다는 형수의 주장을 높이 사 형수에게는 망을 보라고 시켰다. 형수는 교실 문지방에 서서 밖을 보다가 우리가 대자보 쓰는 걸 구경하기를 반복했다. 조심스레 두리번두리번 망을 보는 모습이 텔레비전에서 봤던 미어캣 같았다.

대자보 내용은 이랬다.

두둥! 놀랄 만한 소식!

세계중학교 여러분, 안녕하세요!

오늘도 노시느라 고생이 많으십니다. 공부하라는 부모님 성화에도 짬짬이 노시느라 그간 얼마나 힘드셨나요? 지친 영혼에 윤활유를 부어 드리고, 뭉친 어깨 근육을 풀어 드리고자 놀이 연구소가 고민을 상담해 드립니다.

아 참, 저희가 누구냐고요?

놀이 연구소는 대한민국 청소년들이 즐겁고 신나게 노는 것이야말로 나라 사랑이라 믿고, 실천하고, 연구하는 청소년 모

임입니다. 저희는 놀이 연구소의 연구원 아이언맨, 센 되겠습니다.

우리 놀이 연구소에서는 여러분들의 고민을 들어 드리려고 합니다. 놀면서 힘들었던 이야기, 놀면서 궁금했던 점, 더 잘 놀고 싶은 다짐 등 놀이에 관한 모든 고민을 이메일로 보내 주세요. 익명은 보장합니다! 여러분의 고민을 읽고 성심성의껏 상담해 드리겠습니다.

고민은 여기로 보내 주세요. nolja@email.com

우리는 놀이 연구소의 아이언맨과 센이라는 이름으로 대자보를 썼다. 아이언맨은 내가 좋아하는 히어로 캐릭터이고, 센은 설리가 좋아하는 캐릭터이다. 우리는 다음 날 6시 20분에 학교 옆 놀이터에서 만나기로 하고 헤어졌다.

수위 아저씨가 6시 30분 즈음에 문을 열고 학교 건물을 돌아본다는 정보를 형수가 미리 입수해 두었다. 형수는 수위 아저씨가 형수네 마트 단골이라서 알 수 있는 고급 정보라는 점을 강조했다. 수위 아저씨가 정말 단골인지는 알 수 없었지만, 형수가 수위 아저씨와 친분이 있는 건 확실했다. 점심시간에 확인증 없는 무단 외출을 하다가 딱 걸렸을 때 형수 덕에 수위 아저씨가 눈감아 준 적도 몇 번 있었으니까! 그때는 형수가 정말 대단해 보일 정도였다.

그러나 이번 일은 달랐다. 아저씨도 대자보를 붙이는 걸 그냥 보고만 있지는 않을 것이다. 그러니까 보안이 중요했다. 그런데 망보기 담당 김형수는 약속 시간보다 20분이나 늦었다. 다행히 아직 등교하는 사람은 한 명도 없었다. 등교 시간은 한참 남았지만, 그래도 서둘러야 했다.

수위 아저씨가 와서 1층 현관문을 열고 본관 건물로 간 뒤, 설리와 내가 학교로 침투했다. 건물 입구에 붙이면 선생님들이 오자마자 떼어 버릴 테니 2층으로 올라갔다. 2층과 3층으로 올라가는 길목에 대자보를 2장 붙이기로 했다. 별관 건물은 3학년들이 쓰고 있으니까 그쪽엔 붙이지 않기로 했다.

우리가 대자보 2장을 거의 다 붙였을 때였다.

"너 형수 아니냐? 아니, 이렇게나 빨리 등교했어?"

수위 아저씨였다.

"아, 그게……."

형수가 말을 머뭇거리는 사이에 수위 아저씨의 시선이 벽에 붙은 대자보로 향했다.

"누가 이런 걸 붙이라고 했니?"

"아, 금방 뗄 거예요. 아저씨, 한 번만 모른 척해 주시면 안 될까요?"

형수가 간절한 눈빛으로 애원했다.

"선생님들께 허락은 받았어?"

"그…… 그게……."

형수가 머뭇거리자 아저씨는 말없이 대자보를 뜯어냈다. 정성스레 쓴 글자도 쭉 갈라져 버리고 말았다. 아저씨가 나머지 한 장도 마구잡이로 떼기 전에 나는 얼른 대자보 모서리에 붙은 테이프를 떼어 냈다.

"이런 거 함부로 붙이면 안 된다."

수위 아저씨는 한 번 더 훈계를 늘어놓더니 헛기침을 하고는 유유히 사라졌다. 김형수의 업무 태만이 부른 참사였다.

"너 망보라고 했더니, 뭐 한 거야?"

나는 곧바로 업무 태만 죄를 저지른 형수에게 화살을 돌렸다.

"잠깐 핸드폰 보다가……. 아니, 수위 아저씨는 무슨 발소리도 없이 나타나셨대?"

형수는 반성하기는커녕 괜히 수위 아저씨의 소리 없는 발소리 타령만 해 댔다.

"작전 회의가 필요해."

설리가 무슨 비밀 요원이라도 된 양 주변을 두리번거리더니 낮게 말했다.

우리는 학교 옆에 있는 놀이터로 갔다. 할아버지 한 분이 운동 기구로 스트레칭을 하고 있었다. 형수가 가방에서 과자를 몇 봉지 꺼냈다. 우리는 과자를 먹으며 등교하는 애들이 늘어날 때까지 교문 앞을 주시했다.

"수위 아저씨가 안 계시는 시간은 언제야?"

설리가 형수를 바라보며 물었다.

"밤? 밤에 학교 오는 건 좀 무서운데……."

"밤에 붙여도 아침이 되면 수위 아저씨가 보고 떼어 버릴 거야."

형수의 대답에 내가 한탄하며 말했다.

"수위 아저씨가 안 계실 때라……. 아, 바로 그때네. 수업 시간!"

설리가 굉장한 걸 발견한 것처럼 눈을 반짝였다. 나와 형수는 눈이 휘둥그레져서 설리를 쳐다보았다.

우리는 남은 대자보 한 장을 고이 접어서 검정 비닐봉지에 넣었다. 벽에 붙일 테이프도 봉지에 함께 넣어 묶었다. 그리고 남자 화장실 청소함 안에 걸어 두었다. 청소 시간이 되기 전까지 청소함을 열어 볼 사람은 없을 것이다. 행동 대장인 내가 직접 실행에 옮기기로 했다……기보다는 화장실과 가까운 곳에 우리 교실이 있는 까닭에 내가 할 수밖에 없었다. 우리 반 교실은 화장실 바로 옆에 있었으니까!

4교시 수업이 시작되고 25분이 지났을 때, 드디어 작전을 개시했다.

"저, 선생님."

나는 얼굴을 최대한 찡그리며 손을 번쩍 들었다. 새로 부임해 온 국어 선생님 시간이었다.

"선생님, 저…… 화장실이 급해서 그런데요, 금방 다녀올게요."

선생님은 마치 내 머릿속을 읽기라도 하겠다는 듯 나를 빤히 바라보았다. 그렇지만 아무 소득이 없었는지 단념한 표정으로 말했다.

"얼른 다녀와."

1단계 성공. 나는 화장실로 달려갔다. 정확히는 화장실 청소함으로! 검정 비닐봉지는 그대로 거기에 있었다. 대자보를 꺼내 테이프를 모서리 끝에 붙였다. 설리 예상대로 수업 중이라 복도에는 아무도 없었다. 복도에 있는 건 오직 나뿐! 얼른 복도에 대자보를 붙였다. 그리고 교실로 쌩하게 돌아갔다. 임무 완수!

이제 15분 뒤면 점심시간이다. 급식소로 뛰어가는 아이들이 대자보를 보게 될 것이다.

점심시간이 되자 정말로 아이들이 대자보 앞으로 모여들었다. 그렇지만 모여든 건 학생들만이 아니었다. 거기에는 학생 주임도 있었다. 학생 주임은 인상을 한 번 찌푸리더니 대자보를 떼어 내 버렸다. 그것으로 끝이었다. '3일 천하'도 아니고, 이건 뭐 '3분 천하'라도 됐을까?

현재 시각 밤 11시. 성장 호르몬 집중 분비 시각은 밤 10시. 벌써 한 시간을 초과했지만 대한민국 중2라면 이 시간에 눈을 붙이고 있을 리 없다.

'네 경쟁자는 지금 이 시간에도 눈을 밝히고 공부를 하고 있다.' 그런 이유 때문은 당연히 아니고, 이메일 2통이 도착했기 때문이다. 정말로 고민 상담을 부탁한 사람이 생긴 거다. 나는 이게 아르바이트였다는 사실조차 잊어버리고는, 들뜬 마음에 말똥말똥한 정신이 되어 버렸다. 비밀 조직의 해결사라도 된 기분이었다.

이 모든 게 가능했던 이유는 이러하다. 김옥균의 갑신정변은 '3일 천하'에 불과했지만 교과서에 실렸듯, '3분 천하'도 누군가 스마트폰으로 촬영한 순간, 그리고 학생들 사이에 SNS를 통해 퍼져 나가는 순간 역사가 되었던 것이다. 인터넷에 한번 올라가면 무한 복사가 일어나는 법. 이제 고민 상담을 부탁하는 사람은 더더욱 늘어날 것이다.

나는 편지를 몇 번이고 다시 읽어 보았다. 아래는 두 의뢰인의 이메일이다.

보내는 사람 **위너**

제목 **놀 시간 따윈 없다!**

너희가 저지른 일을 보고 이렇게 메일을 보낸다.

나는 정말이지 너희가 이해가 안 된다. 공부하기에도 바쁜데 노느라 힘들지 않느냐는 게 말이 되냐? 너희도 더 늦기 전에 이런 짓일랑 그만두는 게 좋지 않을까 싶다만…… 그건 뭐 알아서들 해라.

난 공부하느라 무지 바쁘다. 놀 시간일랑 일절 없지. 초등학교 때부터, 아니 그 전부터 쭉 이렇게 살아왔다. 크게 불만도 없었고. 어차피 다 좋은 대학 가자고 이러는 거니까!

문제는 내가 여태 반에서 한 번도 1등을 못 해 봤다는 거다. 맡아 놓은 듯이 줄곧 2등만 해 왔다. 쉬는 날 없이 공부하고, 학원 가고, 심지어 개인 교습도 받는데 왜 만년 2등인 걸까? 대체 1등 하는 그 자식은 얼마나 안 놀고 안 자고 공부를 하기에……

나는 그 1등 하는 놈이 정말로 싫다. 얼마 전에 우리 반 1등 놈이 감기에 걸려서 결석한 적이 있는데, 그놈 얼굴을 안 보니까 속이 다 후련하더라. 그런데 다음 날 와서는 노트 정리한 걸 빌려 달라고 하더라고. 평소에 친한 것도 아닌데, 왜 하필 나한테 노트를 빌리겠다고 한 건지 어이가 없더라고. 나는 노트를 안 가져왔다고 뻥을 쳤지. 물론 노트는 내 가방에 고이 모셔져 있었지만.

그 자식이 미워 죽겠다는 생각이 드니까 공부도 집중이 잘 안 된다. 뭐, 너희한테 대단한 기대를 하고 이런 메일 쓰는 건 아니니까 답을 하든가 말든가 맘대로 해라.

보내는 사람 **뮤직맨**

제목 **음악 하면 굶어 죽는다는데…….**

안녕, 놀이 연구소 친구들!

인터넷에 올라온 대자보는 잘 봤어. 쓸까 말까 고민하다가 답답한 마음에 여기에 이렇게 털어놓는다.

나는 음악을 굉장히 좋아해. 직접 가사를 쓰고 랩을 부르는 멋진 래퍼가 되는 게 내 꿈이야. 가수 되겠다는 애들은 물론 많지. 실제로 우리 학교에도 3학년 중에 연습생이 있다고 들었어. 그런데 나는 아이돌 가수가 되고 싶은 건 아니야. 군무를 추는 건 딱 질색이거든. 어떻게 들릴지 모르겠지만 나는 정말로 '내 음악'이란 걸 해 보고 싶어. 아주 자유롭게 말이야. 그래서 나한테는 래퍼가 딱인 것 같아!

그런데 문제는 꿈을 위해서 내가 지금 할 수 있는 게 아무것도 없다는 사실이야. 남들 모르게 랩 가사를 쓰고 있는데, 아직은 마음에 썩 들지 않아. 스승을 모시고 제대로 하는 애들도 많을 텐데, 나는 만날 학원만 쉴 틈 없이 돌고 있으니까. 진짜 답답해 죽겠어.

심지어 요새는 음악 들을 시간도 거의 없어. 국어나 영어 공부는 몰라도 수학 문제 풀 때는 음악 좀 들으면서 풀 수 있잖아. 그런데 내가 이어폰을 귀에 꽂고 있으면 부모님이 뭐 하냐고 성화시거든. 영어 듣기 하는 거 아니면 이어폰은 끼지도 말래. 초등학생 때는 피아노 배워라 바이올린 배워라 하시더니, 이제는 음악을 듣는 것도 못 하게 한다는 게 말이 되니? 이러니 내가 부모님께 힙합을 하고 싶다고 어떻게 말하겠어.

삼촌은 대학생인데 학교에서 밴드를 해. 그런데 취미로만 하는 거래. 음악 하다가 굶어 죽을 일 있냐면서. 괜히 분수에 안 맞는 꿈을 꾸다가 가난뱅이가 될까 봐 무섭기도 해. 내가 하고 싶은 음악을 하면서도 굶지 않고 사는 방법 어디 없나? 머리가 진짜 지끈지끈하다. 너희는 어떻게 생각하는지 궁금하다.

다음 날 학교에서 흥분된 표정으로 설리와 형수를 만났다.

"이제 어떻게 할 거야?"

형수가 내게 물었다.

"상담을 해야지."

"뭐라고 할 건데?"

"글쎄, 아직 생각 중이야."

"그냥 이거 박사님 드리고, 여기서 끝내면 안 될까? 우리가 누군지도 모르는데 상담 같은 거 안 해도 그만이잖아."

형수 말대로 우리가 받은 이메일만 박사님에게 드리고 끝내도 그만이긴 했다. 이렇게 3명만 더 고민을 적어 보내 준다면 카메라도 생길 것이다.

나는 '이렇게 재밌는 걸 놓치는 바보가 어디 있냐?'라고 말하려다, 형수와의 8년 의리를 떠올리고는 진지한 표정으로 목소리를 깔고 말했다.

"안 돼. 그건 의뢰인에 대한 의리를 저버리는 일이야."

형수는 '의리'라는 말에 언제나 약한 모습을 보여 왔다. 그렇지만 내 예상과는 다르게 형수는 영 이해가 안 간다는 표정이었다. 이해를 못 하는 형수는 놔두고 설리와 내가 각각 위너와 뮤직맨에게 답장을 쓰기로 했다.

물론 나는 학교 수행 평가 과제물을 내듯 그렇게 대충 할 수는 없다고 생각했다. 이건 아주 멋진 일이니까! 나는 진정한 고민 해결사가 되고 싶었다.

그렇지만 해결사 노릇을 한다는 게 쉬운 일은 아니었다. 생각도 많이 해야 했고, 공부도 해야 했다. 주말에 연구소에 모인 우리는 평상에 앉아 박사님이 내온 딸기를 먹고 있었다.

"그런데 1등 하는 애가 왜 그렇게 싫은 거야?"

설리가 말했다. 위너의 고민을 말하는 것이었다.

"2등이라도 한번 해 보면 원이 없겠다."

형수가 딸기를 입에 넣고는 평상에 벌렁 드러누우며 말했다. 그러고 보면 학교는 정말로 경쟁자들과 동침을 하는 곳인지도 모르겠다. 내가 사회 시험에서 90점을 맞아도 친구들이 모두 90점이면, 그런 90점은 아무 의미도 없어져 버리고 마니까. 결국엔 남보다 더 좋은 점수를 받아야 하는 거니까 말이다. 위너가 자기보다 공부 잘하는 애가 밉다는 것도 아주 이해하지 못할 일은 아니다.

"다 같이 잘했음. 뭐, 이런 성적표는 어디 없나?"

내가 한탄 섞인 말을 내뱉었다. 그러자 형수도 한숨 쉬며 말했다.

"워낙 경쟁이 치열하니까……. 입시 지옥 대한민국 아니겠냐! 이곳이."

"질투심 그런 건가?"

설리가 마치 특이한 종을 발견한 동물학자 같은 표정으로 물었다.

"뭐, 비슷."

나는 시큰둥하게 대답했다.

"공부를 좋아하면 좋아하는 애들끼리 같이 공부하면 되잖아. 그럼 공부도 더 잘될 텐데. 내가 다니던 학교에서는 시험 잘 보려고 다투는 일은 없었어. 공부도 하고 싶을 때 하면 되고, 시험도 보고 싶을 때 보면 그만이라서."

"시험을 보고 싶을 때 본다고?"

형수가 입에 있는 딸기를 오물거리다 말고 물었다. 놀라긴 나도 마찬가지였다.

"영국은 다 그래?"

나도 물었다.

"아니야. 나는 영국에서 대안 학교를 다녔어. 서머힐이라는 학교야."

서머힐? 대안 학교? 예전에 비슷한 말을 들어 본 적이 있었다. 나와는 거리가 먼 얘기긴 했다. 혁신 학교를 보내야 하네, 국제 중학교를 보내야 하네 하면서 엄마와 아빠가 옥신각신했던 게 떠올랐다. 어쩌다 보니 집에서 가까운 세계중학교에 오게 되었지만!

"대안 학교라고? 들어는 본 것 같은데, 뭐가 달라?"

내가 설리에게 물었다.

"내가 다닌 서머힐은 학생들이 무엇이든 자유롭게 선택하고 책임질 수 있게 하는 곳이었어. 날씨가 좋으면 다들 나가서 놀았지. 교실에서 선생님이 혼자 기다리고 계실 때도 있고. 그런 날들이 매일매일인 곳이지."

"지저스! 그런 천국이 이 지구상에 있다니!"

형수가 놀랍다는 표정으로 설리를 바라보며 말했다.

"그런데 박사님은 만날 놀기만 하는 학교에 보내는 게 괜찮으세요?"

나는 문득 엄마를 떠올리며 박사님에게 물었다.

"그럼, 괜찮으니까 보냈지."

딸이 놀아도 된다고 방목하는 엄마라니! 우리 집과는 달라도 너무 다르다. 우리 엄마가 지구상에 이런 모녀도 있다는 사실을 안다면 기절초풍을 하고 말 거다.

"그런데 넌 왜 입시 지옥으로 걸어 들어온 거야? 전에 있던 곳에서는 공부하고 싶을 때 공부하고, 놀고 싶을 때 놀고, 시험마

저 안 봐도 된다며?"

천국에서 살다 온 설리에게 내가 물었다.

"2년쯤 뒤면 서머힐을 졸업하고, 공부를 더 하려면 고등학교에 가야 해. 기술이나 예술 쪽으로 진로를 택한 아이들은 다른 길을 가겠지만, 나는 공부가 재미있어졌거든. 그런데 고등학교에 가려면 시험을 치러야 하는데, 내가 공부를 제대로 하고 있는 건지, 일반 학교에서 잘 적응할 수 있을지 걱정이 되더라고. 그래서 일반 학교를 겪어 보면 좋지 않을까 생각했어. 그리고 엄마가 한국 출신이다 보니 자연스럽게 한국에 관심이 있었고, 한국을 경험하고 싶기도 했어. 마침 엄마가 한국에 교환 교수로 올 기회가 생겨서 따라온 거야. 엄마 연구를 돕는 조건으로."

아무리 그래도 굳이 제 발로 천국에서 지옥으로 오다니. 내가 이런 생각을 하는 사이, 형수는 아주 다른 생각을 하고 있었다.

"아까 공부도 하고 싶을 때 하고, 시험도 보고 싶을 때 본다고 했잖아. 그럼 언제 공부를 시작했어?"

형수가 물었다.

"나는 열한 살부터 수업을 들었어."

"열한 살? 그런데 어떻게 한국말을 이렇게 잘하게 된 거야?"

"엄마가 한국인 교포라서 한국어는 어릴 때부터 조금은 알고 있었어. 내가 언어 공부를 좋아하기도 하고."

"언어 공부를 좋아한다고? 그러고 보니 넌 영국에 살았으니까 영어도 되게 잘하겠다, 그렇지? 난 유치원 다닐 때부터 영어를 배웠는데, 아직도 영어가 너무 어려워. 영어 잘하는 비결이라도 있니?"

형수는 부러움이 가득 찬 눈으로 설리를 바라보았다.

"비결? 음…….."

설리가 뜸을 들이자 형수가 재차 물었다.

"외국어를 빨리 배우는 방법이랄까, 뭐 그런 거?"

형수는 마치 입시 설명회라도 온 표정이었다.

"글쎄, 나는 한국 문화에 관심이 많아서 좋아진 것 같아. 그럼 정말 배우고 싶어지거든. 한국 사람들과 대화도 나누고 싶었고. 진짜 배우고 싶을 때 하면 빨리 익히게 되는 것 같아."

"진짜 배우고 싶을 때?"

"응. 근데 넌 지금 영어를 정말 배우고 싶어? 좋아해?"

"그럼! 일단은 영어 시험 성적이 좀 잘 나왔으면 좋겠어. 그리고 글로벌 시대니까 영어는 필수 아니겠어? 나중에 취직하려면 영어는 기본이라고들 하니까 잘해야 돼."

형수가 영어를 공부해야 하는 이유를 읊어 댔다.

"네가 영어를 좋아한다고? 영어 수업 시간에 침 흘리고 자다 걸린 게 누군데."

"언제 적 얘기를 하는 거야."

형수가 나를 저지하고 나섰다.

"너 저번 중간고사 때 영어 때문에 짜증 나 죽겠다며? 그게 영어를 좋아한다는 사람이 할 소리냐?"

"그게 아니라……. 아, 공부 안 하고 성적 좀 잘 나오는 법 어디 없냐?"

"이제야 바른 소리를 하네."

형수에게 핀잔을 주기는 했지만, 나 역시 공부 안 하고도 성적이 잘 나오면 좋겠다는 생각을 똑같이 하고 있었다.

"뭐야, 영어 싫어하네!"

설리가 내 마음의 소리라도 들은 것처럼 말했다. 설리는 우리 둘을 번갈아 보더니, 자기가 다녔던 대안 학교 이야기를 이어 갔다.

"내 친구 중에도 정말 말썽쟁이에 노는 것만 좋아하는 애가 있었어. 프랑스인이었는데, 프랑스어를 쓸 줄도 몰랐거든. 그런 데 언젠가부터 애가 프랑스어를 배워야겠다고 마음먹더니 열심 히 해서 금방 다 익혀 버린 거 있지. 정말 신기했어."

"그러니까 왜 하기 싫은 공부를 억지로 하라고 난리인지 몰 라. 하고 싶을 때 하면 되잖아. 역시 이놈의 한국 학교가 문제 야! 하기 싫은 공부에, 보기 싫은 시험에……. 교도소 같은 학교, 아주 지긋지긋하다고. 록 스피릿 같은 것도 없고."

나는 자못 진지하게 미간을 살짝 찌푸리며 말했다.

"야, 이거 얼마 만에 듣는 록 스피릿이냐!"

형수가 막 웃어 댔다. 형수는 이제 내가 아무리 목소리를 깔 고 말해도 전혀 진지하게 받아들이지 않는 눈치였다.

"록 영혼?"

영어권에서 쓰지 않는 한국식 영어이다 보니 설리가 알아듣 지 못하는 게 당연했다.

"아, 그러니까 뭐랄까, 음…… 로커의 저항 정신쯤으로 받아들 여 주면 좋겠어."

작년에 록 밴드 부원들에게 그랬듯이 나는 목소리를 낮게 깔 고 말했다. 그렇지만 설리가 "풋!" 하고 짧은 웃음을 터뜨렸다.

나는 기죽지 않고, 박사님 쪽으로 고개를 돌렸다.

"박사님, 이 록 스피릿에 대해 위너한테 얘기해 주면 어떨까요? 시험 같은 건 없어져야 한다고 얘기해 주면 좋은데."

내 말에 박사님이 빙긋이 웃더니 대답했다.

"시험 자체가 꼭 나쁜 것은 아니란다. 내가 얼마큼 공부를 했는지 확인해 볼 수 있으니까. 물론 등수 매기기에 급급한 시험이라면 문제가 있지만."

"그러니까 그런 시험 좀 없애면 좋겠어요."

내가 말하자 박사님은 잠시 생각에 잠긴 표정이 되었다. 그러더니 흥미로운 것을 떠올린 듯 천천히 입가에 미소를 지으며 말했다.

"음, 굉장한 축제에 관한 이야기를 해 줄게."

"축제요?"

우리는 모두 눈이 휘둥그레져서 물었다.

"북아메리카의 치누크 부족이 열던 축제란다. 바로 포틀래치라는 축제지. 예를 들자면, 뭐가 좋을까? 그래, 이 지역 부족들이 모두 피자를 좋아한다고 해 보자꾸나."

피자라면 형수랑 내가 가장 좋아하는 배달 음식이다. 박사님은 귀신같이 피자를 예시로 든 것이었다.

"자, 형수네 부족이 지은 밀 농사가 굉장한 풍년이 들었어. 덕분에 그 밀로 많은 피자를 만들 수 있게 되었지. 그 동네에서 밀 수확량으로는 1등을 한 거야. 형수네 부족은 명수네 부족에게 축제를 열자고 제안했어. 명수네 부족은 밀 수확량이 아주 형편없었거든. 형수네 부족은 명수네 부족에게 가서 축제를 열고 수

확한 밀을 잔뜩 나누어 주었지. 이 부족들은 무언가를 더 나누어 주려고 경쟁했어. 줄 수 있다는 건 상대보다 더 우위에 있는 것이라 여겼기 때문이란다. 그러니 명예를 얻기 위해 축제를 먼저 제안하고 싶은 것이 부족장의 마음이었던 거야. 서로에게 무언가를 주려고 안달을 부리던 이 축제를 포틀래치라고 한단다."

"와, 멋지네요! 친구들에게 선물을 줄 때 설레는 마음이랑 비슷한 걸까요?"

설리는 들뜬 표정을 지어 보이며 말했다.

형수도 맞장구를 쳤다.

"그 마음, 저도 알 것 같아요. 저도 명수한테 수학 문제 푸는 거 가르쳐 주면 마음이 뿌듯하더라고요! 그렇게 가르쳐 준 문제는 절대 안 까먹어요. 시험에서도 안 틀리고요."

"네가 언제 나한테 수학을 가르쳐 줬다고 그러냐. 아메바한테 수학을 배우는 멍청이가 어디 있냐?"

내가 형수의 말을 반박하고 나섰다.

설리가 키득키득 웃으며 말했다.

"둘이 시험 기간에도 같이 공부한 거 아니었어?"

"몰라, 그런 기억 없어."

나는 정색하며 말했다. 그렇지만 그런 기억이 정말로 없는 건 물론 아니다. 형수가 연립방정식 문제를 가르쳐 준 적이 있긴 했다. 추궁하는 눈빛으로 나를 쳐다보는 형수에게 사실을 인정할 수밖에 없었다.

"그래, 한 번인가? 아니, 두 번인가? 그래, 내가 아메바한테 수학을 배웠다!"

내가 인정하자 형수는 기다렸다는 듯이 나야말로 아메바라고 공격했다. 형수와 내가 서로 아메바라고 설전을 벌이는 사이, 설리는 무언가 떠오른 표정으로 말했다.

"도서관에 가 봐야겠어."

"도서관엔 갑자기 왜?"

형수와 나는 누가 먼저랄 것도 없이 물었다.

"포틀래치에 관해 찾아보려고! 위너에게 이 얘기를 해 주면 좋을 것 같아."

설리가 대답했다.

마을 도서관에서 책을 빌리려면 도서관 회원증을 만들어야 한다. 그리고 검색을 해서 책도 찾아야 하고, 아무튼 한국에 처음 온 사람에게는 번거로운 일이다.

"도서관이 어디에 있는지나 알아?"

내가 핀잔을 주었다.

"같이 가 주게?"

설리는 멋진 제안이라도 하는 표정으로 나를 바라보았다.

"내가 왜!"

"야, 박명수! 가 줘라, 쫌!"

형수가 되레 성화였다.

"네가 가 주면 되잖아."

"나는 마트에 가야 하니까 그러지."

형수는 저번 겨울방학부터 주말에는 마트 일을 돕고 있었다.

"그게 나랑 무슨 상관인데."

"설리가 이사 온 지 얼마 안 돼서 길도 낯설 텐데, 도서관 가는 길 헤매면 좋겠냐?"

"아, 알았어. 가면 될 거 아냐."

못 이기는 척 간다고 했지만 사실 설리가 우왕좌왕하는 꼴을 떠올리자니 대신 책을 찾아 주고 싶긴 했다.

형수는 부모님을 도우러 마트로 가고, 설리와 나는 도서관으로 향했다. 도서관으로 가는 내내 설리는 이런저런 이야기들을 했다. 학생 주임이 가끔씩 불러서 힘든 일이 없냐고 물어본다는 둥 뭐 그렇고 그런 이야기였다. 나는 설리가 학생 주임의 감시 학생 목록에 든 건 아닌지 의심스러웠지만, 설리의 표정은 의심 같은 것은 한 점 없이 솜털처럼 가볍고 즐거워 보였다. 얼마 전에 학교 급식으로 조기구이인지 튀김인지가 나왔는데, 영국에서 먹던 '피시 앤 칩스'가 그리웠다는 이야기도 했다. 물론 나는 피시 앤 칩스가 뭔지 몰랐다.

시험 기간이 아니라서 그런지 도서관은 한적하고 여유로웠다. 도서 검색대에서 '포틀래치'를 찾아봤지만, 책 제목이 포틀래치인 건 검색되지 않았다. 설리는 박사님에게 전화를 걸어 물었다. 박사님은『증여론』,『호모 루덴스』라는 책에 포틀래치에 대한 내용이 나온다고 알려 주었다. 곧바로 그 책들을 찾아보았다. 그렇지만 그런 두꺼운 책들은 어려워서 읽기가 힘들었다.

우리가 난감해하고 있을 때 박사님에게서 다시 전화가 왔다. 찾아보니 청소년을 위해 쉽게 풀어 쓴 책이 있다고 했다. 설리는 신나게 뛰어가서 사서 선생님에게 물었다. 사서 선생님이 찾아 준 책은『호모 루덴스, 놀이하는 인간을 꿈꾸다』라는 책이었다. 설리는 책을 넘겨 보다가 '북아메리카 인디언들의 증여 놀이'라는 소제목에서 멈추었다.

"찾았다!"

설리는 기쁨에 겨운 나머지 큰 소리로 외쳤다. 나는 도서관을 두리번거리며 설리에게 속삭였다.

"조용히 좀 해!"

설리는 작은 소리로 "쏘리." 하고는 책을 훑어보았다.

"나, 이 책 천천히 읽고 싶어. 빌려 갈 수 있어?"

설리는 그 책 말고도 청소년들이 읽을 수 있도록 쉽게 설명한 『놀이의 달인, 호모 루덴스』와 『어느 외계인의 인류학 보고서』도 함께 빌려 가고 싶어 했다. 사서 선생님이 이 책들에도 포틀래치에 대한 설명이 있다며 함께 찾아 준 책이었다.

나는 설리가 회원증을 만들고 책을 빌릴 수 있도록 도와주었다. 누군가에게 도움을 주는 일이 제법 괜찮은 일일지도 모르겠다는 생각이 살짝 스쳐 갔다. 어쩌면 지금 내가 하고 있는 게 포틀래치인가 싶었다.

설리와 헤어지고 집으로 가는 버스에 탔다. 설리가 말한 피시 앤 칩스가 떠올랐다. 어떤 음식인지 궁금해 스마트폰으로 포털 사이트에 접속해서 검색해 보았다. 흰살 생선 튀김에 감자튀김을 곁들여 먹는 영국의 대표 음식이었다. 군침이 돌았다. 죽을 힘을 다해 씨름 경기를 마친 선수처럼 갑자기 허기가 몰려왔다.

집에 돌아오니 아빠가 부엌에서 요리를 하고 있었다.

"엄마는 어디 갔어?"

"휴가 갔어."

"갑자기 휴가는 왜?"

"아빠가 휴가니까."

그러니까 아빠가 휴가를 낸 일주일 동안 엄마는 귀여운 동생 민주를 데리고 외가댁에 가서 머문다는 것이었다. 그러고 보니 어제저녁에 엄마가 무슨 휴가 어쩌고 이야기한 것도 같았다.

나는 아빠가 끓인 김치찌개에 밥을 먹었다. 아빠가 부친 계란 프라이와 햄도 있었다. 아빠가 먼저 물었다.

"오늘도 형수 만났어?"

"형수랑……."

"형수랑 또 누구?"

"설리라고 전학 온 애 있어. 영국에서 왔대."

"영국에서? 멀리서도 왔네. 그래서 셋이 뭐 했어?"

"음, 뭐 그냥 이런저런 이야기도 하고……. 암튼 그런 게 있어."

"싱겁기는."

"싱겁기는 아빠 김치찌개가 더 싱거워요. 왜 이렇게 맛이 밍밍해?"

역시 엄마가 없으면 어떻게든 티가 나는 법일까? 아빠는 괜히 딴청을 부리며 대화 주제를 바꾸었다.

"다음 주 토요일에 뭐 할 거니?"

"몰라."

내가 일부러 시큰둥하게 반응해도 아빠는 지지 않는다.

"아빠 친구가 공연한다는데 거기 갈 거거든. 같이 갈래? 너도 밴드 했잖아."

나는 아빠 친구의 학예회까지 보러 가고 싶진 않았다.

"언제 적 얘기야. 나 바빠."

"아빠 대학 동기인데 '질라가리'라는 밴드야. 무슨 음악 축제도 나가고 그런대. 꽤 유명한데, 넌 모르니?"

내가 아저씨 밴드까지 알 리가 있나! 나는 스마트폰을 꺼내 질라가리를 검색해 보았다. 질라가리는 '고질라'와 '용가리'를 합쳐서 만든 말이었다. 시커먼 티셔츠를 입은 아저씨들이 험상궂은 표정으로 서 있었다. 랩 메탈을 한다는 설명과 함께! 랩 메탈? 고민 상담을 부탁한 뮤직맨이 번뜩 떠올랐다. 뮤직맨에게 어떻게 답장을 써야 할까 고민하던 참이었다.

"아빠! 나도 갈게!"

아빠가 뜻밖이라는 표정으로 웃었다.

"오케이, 형수도 데려와. 아빠가 맛있는 거 사 줄게."

나는 곰곰이 생각하다가 말했다. 그래, 이건 비즈니스다. 비즈니스 때문에 어쩔 수 없이 필요한 동반자가 생기기도 하는 법.

"두 명 데려갈 거야, 두 명."

나는 저녁을 먹고 모처럼 침대에서 스마트폰을 붙들고 뒹굴거렸다. 그러다가 설리와 형수에게 밴드 공연 소식을 알렸다. 밴드 공연을 보러 가자는 이야기에 형수는 혀를 내둘렀고, 설리는 무척이나 좋아했다. 그러고 나서 좀 지나 설리가 방금 막 썼다는 상담 글을 형수와 나에게 보냈다.

위너야, 반가워. 네 편지는 잘 읽었어. 그러니까 네 고민은 1등이 미워서 공부에 집중이 잘 안 된다, 이거지?

어릴 때부터 놀 시간일랑 일절 없었다는 너를 위해, 1등을 미워하는 마음 때문에 공부하면서도 집중이 잘 안 된다는 너를 위해 준비했어. 바로 포틀래치 놀이야!

북아메리카의 치누크라는 원주민 부족이 포틀래치라는 축제를 열었대. 포틀래치는 '식사를 제공하다', '베풀다', '소비하다'는 뜻이야. 무슨 소리냐고? 예를 들면 이런 식이야. 이 지역 원주민들은 모두 연어를 좋아해. 하지만 모든 부족에게 해마다 연어가 풍족하지는 않겠지. 어떤 부족이 사는 곳 근처의 강에는 연어가 별로 없고, 또 어떤 부족은 연어가 많아도 젊은이들이 적어서 많이 잡을 수 없고.

부족들 중에서 연어를 많이 잡은 부족이 먼저 축제를 열었대. 그리고 연어를 다른 부족에게 나눠 주는 거야. 베푸는 부족은 명예가 높아지는 거고, 다른 부족은 부족한 걸 받는 거지. 무언가를 줄 수 있다는 건 상대보다 더 우위에 있다는 거잖아. 그래서 서로 먼저 축제를 열고 싶어 했다는 거야. 재미있지?

이해가 잘 가지 않는다고? 내 친구의 경험을 이야기해 줄게. 그 친구는 다른 친구에게 수학 문제 푸는 방법을 알려 줄 때가 종종 있어. 친구에게 가르쳐 주다 보면 까먹고 있던 것도 다시 공부하게 돼서 시험 볼 때 기억도 잘 나고 좋다고 그러더라. 그리고 공부도 같이 하면 더 많이 알게 된다고!

나는 나눠 주면 명예가 높아진다고 여겼던 원주민들이 옳다고 생각해. 그러니 너도 포틀래치 놀이를 즐겨 보는 건 어때? 그 1등에게 노트도 보여 주고, 서로 모르는 것도 알려 주고! 공부는 같이 할 때 상승효과가 있는 법이니까 말이야.

설리가 쓴 내용을 읽고서, 형수는 훌륭하고 멋지고 재치 있다며 호들갑을 떨었다. 특히 자기 이야기가 나온 부분이 가장 마음에 든다고 했다. 나는 그 부분만 빼면 딱 좋을 것 같다고 했다.

그날 저녁, 우리는 위너에게 답장을 보냈다. 처음으로 상담을 해냈다는 생각 때문인지 심장이 쿵쾅거리는 게 느껴졌다. 나도 어서 뮤직맨에게 답장을 써서 보내고 싶다는 생각이 들었다.

다음 날, 내 심장은 한 번 더 쿵쿵 울렸다. 이번에는 안 좋은 소식을 알리는 북소리였다.

우리가 고민에 답하는 방법

학교에 등교하자 나를 기다리고 있는 건 학생 주임의 호출이었다. 이번에는 설리와 함께였다.

"어, 왔냐? 교장실로 투고가 하나 날아왔다고 하더라?"

학생 지도부실로 들어서자마자 학생 주임이 심드렁하게 나를 한 번 쳐다보더니 이렇게 말했다. 그러니까 '이번에도 역시 너구나.' 하는 표정이었다. 학생 주임은 고혈압인 교장 선생님의 혈압 수치를 올렸다는 그 투고를 나에게 주더니 큰 소리로 읽으라고 했다.

존경하는 교장 선생님께

선생님, 안녕하세요. 저는 세계중학교 2학년 학생입니다.

익명의 편지인 점 양해해 주세요.

보셨는지 모르겠지만 얼마 전 학교에 대자보가 붙었습니다. 대자보의 내용은 놀면서 고민되는 게 있으면 보내라는 것이었습니다. 상담을 해 주겠다고요. 당연히 학교는 술렁이기 시작했죠. 놀이 연구소라는 정체불명의 모임에서 아이언맨, 센이라는 별명을 내세워 건 대자보였는데, 아이들은 누가 그런 걸 붙였는지 굉장히 궁금해했습니다. 대자보를 사진으로 찍어 가는 애들도 많았어요. 어떤 아이들은 선생님들이 아이들 속마음을 떠보려고 일부러 저런 걸 붙인 게 아니냐고 이야기하기도 했습니다. 그러니까 학생들 사이에서는 큰 이슈였어요. 그 대자보는 금방 떼어지긴 했지만, 인터넷을 통해 여기저기에 퍼졌습니다.

저는 예전에 교장 선생님께서 저희에게 하셨던 질문이 떠올랐습니다. "학교는 어떤 공간이어야 할까요?"라고 질문하셨지요? 답은 물론 '공부하는 곳'이었습니다. 교장 선생님도 기억하실 겁니다. 그런데 놀이 연구소 애들은 노는 게 당연하다는 듯이 말하면서, 놀면서 고민되는 걸 상담까지 해 주겠다고 합니다. 여기 연구원들은 학교가 마치 놀이터라도 되는 줄 아는 모양이에요.

교실에는 정말로 고민을 보내겠다는 무리까지 생겨났습니다. 대자보 때문에 학교가 이렇게 술렁인다면 문제가 좀 있는 게 아닐까요? 대자보는 허락을 받아서 붙인 것도 아니었고, 놀이 연구소는 학교에 소속된 동아리도 아니었습니다. 이건 교칙 위반 아닌가요? 무엇보다 면학 분위기를 망치는 일이잖아요.

제가 알아보니 그 대자보를 쓴 애들은 2학년 1반의 박명수와 5반에 새로 전학 온 설리라고 합니다. 저는 학교가 공부하는 곳이 되길 바라는 마음뿐입니다.

-면학 분위기를 지키고픈 학생 드림

"예전에 그 대자보를 너희가 붙인 모양이다?"

내가 투고 글을 다 읽고도 쭈뼛거리며 아무 말 없이 서 있자, 학생 주임이 먼저 입을 열었다.

"작년에 그렇게 사고를 쳤으면 올해는 좀 자숙하면서 지내야하는 거 아니냐? 박명수! 전학생까지 끌어들여서 대체 뭐 하는 짓이냐?"

'돈 벌려고요.'라고 말했다면 내 인생은 돌이킬 수 없이 황야로 내쫓겼을 것이다.

"친구들 고민 듣고 상담해 주려고요."

"뭐?"

학생 주임은 어이없다는 표정이었다. 내 대답을 듣고는 10초쯤 부동자세로 있더니, 눈을 길게 한 번 끔뻑하고는 다시 물었다.

"그러니까 왜 네가 고민을 듣고 상담을 해 주겠다는 건데?"

"재밌잖아요. 친구들도 좋아했어요."

학생 지도부실에 와 봤을 리 없는 설리의 당당한 대답에 학생 주임도 적잖이 당황한 눈치였다.

"설리야, 한국 중학교는 네가 다니던 영국 학교랑은 다르단다. 그러니까 이건 안 되는 일이야. 설리 너도 모르고 한 일일 테니까 이번 한 번은 그냥 넘어가 주겠다. 대신에 한 번 더 이 문제로 말썽이 있었다간 그땐 그냥 넘어가지 않을 거다. 징계 위원회가 열릴 수도 있고, 정학을 받을 수도 있다는 얘기다. 정학을 받으면 학교에 오고 싶어도 못 온다, 알겠냐? 최악으로는…… 다른 학교로 보내 버릴 수도 있다."

학생 주임은 천천히 하나도 빠뜨리지 않고 설리에게 또박또박 경고 메시지를 전달했다. 학생 주임의 목소리가 잦아들었을 때, 나는 궁금증을 참지 못하고 물었다.

"그런데 이거 누가 보낸 편지예요?"

학생 주임이 날카로운 눈초리로 나를 바라보았다.

"거기 면학 분위기를 지키고픈 학생이라고 쓰여 있는 거 안 보이냐?"

성질이 났다. 속이 부글부글 끓으면서 누군지 반드시 찾아내야겠다는 생각이 들었다.

쉬는 시간을 꽉 채운 꾸지람이 끝나자, 기다렸다는 듯 수업 종이 울렸다. 설리는 교실로 돌아갔고, 나는 체육복을 갈아입고 곧바로 운동장으로 나갔다. 다음 시간은 학생 주임의 체육 수업이었으니까! 반 아이들은 농구를 했지만, 나는 훈계를 더 듣고 운동장을 네 바퀴나 뛰는 벌을 받아야 했다. 죄목은 전학생을 꼬드겨 사고를 쳤다나 뭐라나.

교실에 돌아오니 시끌벅적한 아이들 틈바구니에서 정식이가 다가왔다.

"너 또 무슨 사고라도 친 거야?"

달리기를 하고 나서인지, 밀고자 때문에 화가 나서인지 요동치는 심장이 아직도 잠잠해질 줄을 몰랐다. 정식이 말을 무시하고 거친 숨을 몰아쉬었다. 그때 반 아이들이 어딘가로 우르르 몰려가는 소리가 들렸다. 그 속에서 이기자의 목소리가 들렸다.

"얘네 완전 웃겨."

아이들이 모여든 곳은 이기자의 자리였다. 이기자는 스마트폰에 메일을 띄워 놓고 아이들에게 보여 주고 있었다. 그러더니 큰 소리로 뭔가를 읽기 시작했다. 설리가 쓴 답장이었다. 나는 이기자에게 달려갔다. 이기자가 들고 있던 스마트폰을 빼앗아 화면을 보았다. 정말로 놀이 연구소에서 보낸 편지가 맞았다.

"너냐?"

나는 그만 이기자의 스마트폰을 바닥에 내동댕이치고 말았다. 교실에 정적이 흘렀다. 놀란 토끼 눈으로 반 아이들이 나를 바라보았다.

"너 미쳤냐? 담임한테 다 말할 거야."

이기자가 씩씩거리며 나를 쏘아보았다.

"명수야, 너 왜 그래?"

아무도 나서지 못하고 있자 정식이가 바닥에 떨어진 스마트폰을 들고 조심스럽게 다가왔다.

이기자가 정식이한테서 스마트폰을 낚아채더니 나에게 으름장을 놓았다.

"너, 흠집 하나라도 났어 봐! 가만있지 않을 거야!"

때마침 형수가 교실로 들어왔다.

"야, 박명수, 뭐 하냐? 야야, 비켜 봐, 비켜."

형수는 놀라서 쳐다만 보고 있던 애들을 밀치고는 나를 끌고 나갔다. 복도 창가에 서서 형수가 물었다.

"대체 무슨 일이야?"

"몰라. 저 자식이 우리 연구소 편지를 읽고 있었어."

"무슨 소리야?"

형수가 심각한 표정으로 말했다.

"저 녀석이 밀고한 것 같아. 어떻게 우리 편지를 쟤가 보고 있지?"

"밀고?"

형수가 눈썹을 살짝 치켜올리며 내 얼굴을 바라보았다.

"혹시 고민 상담 의뢰자가 쟤인 거 아니야?"

형수의 말을 듣고 아차 싶은 생각이 들었다.

그때 정식이가 교실에서 나와 우리 쪽으로 다가왔다. 조금 놀란 표정이었다.

"너 왜 그래, 이기자한테? 학생 주임한테 혼난 거 때문에 그래? 그게 이기자랑 상관 있는 일이야?"

"이기자가 뭘 읽고 있었다고 하던데……."

형수가 정식이를 떠보듯이 물었다.

"아, 그건 예전에 대자보 붙였던 애들 있잖아, 상담한다고. 걔네한테 이기자가 재미 삼아 고민을 적어 보냈는데, 답장이 진짜 왔대. 그런데 그거랑 학생 주임한테 혼난 거랑 무슨 상관인데?"

정식이의 말이 끝나자 형수와 눈이 마주쳤다. 정말로 단단히 잘못 짚고 난동을 부리고 만 거다. 형수와 내가 아무 대답이 없자, 정식이가 한 번 더 물었다.

"뭐 때문에 혼난 건데? 말해 봐."

"아, 아니야. 나중에 얘기해 줄게."

내가 대충 덮고 넘기려 하자 정식이도 넘어가 주었다.

"뭔지는 몰라도 조심해. 이기자 엄마가 학교 운영 위원이잖아. 선생님들도 쩔쩔맨대."

정식이는 대단한 정보라도 건넸다는 표정으로 내 어깨를 툭툭 치고는 교실로 들어갔다. 정식이가 사라진 걸 확인한 뒤 형수에게 물었다.

"너 누구한테 말하진 않았지?"

"내가 누구한테 말하냐? 너나 조심하고 다녀. 괜히 여기저기 밀고자냐고 들쑤시고 다니지 말고!"

형수는 잔소리를 잔뜩 늘어놓고는 자기네 교실로 가 버렸다. 윤하가 있는 바로 그 교실로 홀연히. 공연히 벌통만 들쑤셔 놓은 셈이 되었다. 교실로 돌아가는 발걸음이 좀체 떨어지지 않았다.

금요일 점심시간, 정식이와 반 아이들은 축구를 하러 나갔지만, 나는 도통 기운이 나질 않아 형수네 반에 가서 축 늘어져 있었다.

중2가 되면 다들 사는 게 힘들어진다고 한다. 그렇지만 유독 나만은 더 가혹한 시간을 보내고 있는 게 아닌가 하는 생각이 들었다. 왜 내가 하는 일은 이렇게 다 꼬이는 걸까?

점심시간이 5분밖에 채 남지 않았을 때도 나는 그렇게 앉아 있었다. 그때 윤하가 교실로 들어왔다.

"요새 우리 반 자주 오네?"

윤하가 나를 보더니 알은체를 했다.

"어어, 보람이랑 효주는 어디 갔나 봐?"

나는 괜히 관심도 없는 아이들의 안부를 물었다.

"아, 보람이랑 효주는 뮤지컬반 연습하러 갔어."

윤하는 살짝 미소 짓고는 제자리로 가서 앉았다. 수업 준비를 하는지 교과서를 펼치고 있었다.

"뮤지컬반 같은 게 있었나?"

내가 형수를 보며 심드렁한 표정으로 물었다.

"학생 주임 선생님이 소음 측정기 들고 다녔잖아. 소음 측정에 걸린 애들한테 소리 지를 곳이 없으면 여기서 실컷 질러라, 이러면서 뮤지컬반에 집어넣었대. 웃기지 않냐?"

"우리 담임이?"

형수는 손을 양옆으로 하고는 어깨를 들썩해 보였다. 담임도 참 알다가도 모를 일이다. 윤하를 보고 있자니 잊으려 했던 카메라가 다시 떠올랐다. 카메라, 카메라, 카메라라니. 이제 카메라를 구할 수 없을지도 모른다고 생각하니 더 우울했다.

닭의 목을 비틀어도 아침이 온다더니, 질라가리 아저씨들 공연 날이 도래했다. 공연은 가서 무엇하나 하는 생각이 들었다. 그때 전화벨이 울렸다. 설리였다.

"여보세요. 아침부터 무슨 일이야?"

"오늘 몇 시라고 했더라?"

수화기 건너편에서 들려오는 설리의 목소리가 한껏 들떠 있었다. 일주일 내내 오늘만을 기다렸다나 뭐라나. 그때 방문이 벌컥 열렸다. 아빠였다.

"오늘 잊지 않았지?"

오랜만에 대학 시절로 돌아가야겠다며 아빠는 휘파람을 불어 댔다. 저렇게 신나하는 두 사람을 보니 심란했던 마음이 저 멀리 날아가 버렸다……고 하면 거짓말이고, 어쨌거나 공연장에 가긴 가야겠다는 생각이 들었다.

공연장엔 사람들이 꽤 많았다. 아빠는 "잠시만요, 죄송합니다."라는 말을 연발하며 무대 쪽으로 가까이 갔다. 아빠 뒤로는 나를 비롯해 설리와 형수까지 세 명이 기차처럼 줄줄이 따라갔다. 사람들이 인상을 찌푸렸다. 아빠는 무대와 가까운 맨 앞자리까지 가더니 가수 아저씨를 보고 손을 흔들어 댔다. 아빠가 창피했다. 그와 달리 검정 반팔 티셔츠를 입은 보컬 아저씨는 꽤나 카리스마 있어 보였다.

공연장은 지하 소극장이었지만 2층에서도 무대를 볼 수 있는 구조였다. 공연 시작할 때가 되니 2층에도 사람들이 모여들었다. 이내 공연이 시작되었고, 앰프에서 나오는 소리로 공연장이 가득 메워졌다. 관객들은 소리를 질러 댔다. 내가 작년 축제 때 기대했던 바로 그런 반응이었다. 차이가 있다면 여기 모인 관객들 대부분은 남자 어른들이라는 것 정도였다. 안타깝게도 질라가리 아저씨들에게 소녀 팬은 없는 것 같았다.

보컬 아저씨는 '그롤링'이라고 하는 창법을 구사했다. 긁는 목소리로 소리를 질러 대는 식이다. 중간중간 랩도 했다. 공연장에 온 사람들은 환호를 하고 펄쩍펄쩍 뛰어오르며 몸을 던지고 있었다. 보컬 아저씨는 화려한 헤드뱅잉도 선보였다. 나도 관객들 사이에 끼어 뛰고 소리를 지르며 음악 속에 섞여 들어갔다. 고민은 새까맣게 잊어버렸다. 그 순간만큼은 내가 중학생인지, 문제

아인지, 수험생인지 아무 생각도 들지 않았다. 세상에 오직 음악에 온몸을 맡기는 나만 존재하는 것처럼, 그렇게 느껴졌다.

아저씨들의 공연이 끝나고도 다른 밴드들의 공연이 이어졌다. 모든 공연이 다 끝나고 공연장 밖으로 나가니, 보컬 아저씨가 밴드 사람들과 함께 모여 있었다.

"아저씨 정말 멋있었어요!"

설리가 먼저 소리를 질렀다. 록 스타를 만난 소녀 팬처럼 말이다. 나와 형수도 신이 나긴 마찬가지였다.

아빠와 보컬 아저씨는 우리를 데리고 고깃집으로 갔다. 지글지글 끓고 있는 불판 위 삼겹살처럼 내 기분도 신이 나서 끓어올랐다.

"아저씨는 언제부터 밴드 활동을 하셨어요?"

"처음 시작한 건 대학교 1학년 때야. 네 아빠랑 같은 밴드부였어."

아빠가 언젠가 말했던 게 생각났다.

"아빠는 이제 안 해요. 똑같이 밴드부였는데 아저씨는 진짜 밴드 활동을 하시고, 아빠는 회사원이 됐네요?"

내가 아빠와 아저씨를 번갈아 보며 장난스럽게 말했다. 아빠와 아저씨도 웃었다.

"아니야. 나도 직장에 다녀. 나도 네 아빠랑 비슷한 시기에 회사에 취직했어."

"에, 정말요?"

나는 놀라서 물었다. 옆에서 멀뚱멀뚱 듣고만 있던 형수가 말했다.

"회사 다니면서도 밴드를 할 수 있어요?"

"평일에는 직장, 주말에는 밴드!"

아저씨가 술잔을 들며 큰 소리로 외쳤다. 신이 난 표정이었다. 설리와 형수와 나도 얼른 사이다 잔을 집어 들었다.

"주말이 있는 삶을 위하여!"

아빠가 외쳤다. 주말 없는 아빠니까. 아저씨에겐 현실이지만 아빠한텐 희망 사항이었다. 아저씨와 아빠는 대학 시절 했던 밴드 이야기를 하며 무척이나 즐거워했다. 특히 아빠가 그랬다.

"아 글쎄, 칼라 스프레이를 머리에 잔뜩 뿌리고 무대에 올라 갔는데, 나중에 보니까 공연이라고 새로 산 셔츠에 스프레이가 다 묻어 있지 뭐야. 그래도 뭐, 그런대로 멋있다고 입고 다녔지. 허허허."

추억 소환을 끝마친 아빠는 작년에 있었던 내 기타 퍼포먼스 사건까지 들춰 냈다.

"명수 얘가 학교 축제에서 내 깁슨 전자 기타를 부쉈다니까! 허허허."

"록 스피릿을 아들에게 물려줬구먼!"

보컬 아저씨가 나를 보며 웃었다.

"록 스피릿! 역시 아저씨가 뭘 좀 아시네요!"

나도 신이 나서 대답했다.

"잘된 일이지, 뭐. 가방에만 10년 넘게 모셔져 있던 기타였으 니까. 그렇게라도 바람 쐬고 저세상 가셨으니, 허허허."

웃고는 있었지만 아빠 마음에 여전히 부서진 기타는 아쉬운 게 분명한 어색한 웃음이었다.

열심히 고기를 먹느라 말이 없던 설리가 입을 열었다.

"제 친구 중에 음악을 하고 싶다는 애가 있는데요, 어떻게 할 수 있는지 궁금해요. 그러니까 대형 기획사에서 아이돌 가수가 되는 것 말고 직접 가사를 쓰는 래퍼를 하고 싶어 하거든요."

뮤직맨 이야기였다. 형수가 끼어들었다.

"음악 해서 먹고살 수 있어요?"

아저씨가 웃으며 대답했다.

"나 같은 경우는 직장 다니면서 돈을 벌고, 음악은 반쯤은 취미 삼아 하는 거야. 음악으로 돈 벌 생각은 없어. 오히려 직장에서 번 돈을 음악 하면서 쓸 때가 많지. 그렇지만 음악을 직업으로 삼는 사람들도 많아. 너희가 알 만한 유명한 가수들은 대부분 그럴 거야. 힙합 하는 친구들도 마찬가지고."

아저씨는 직업 특강이라도 하는 것처럼 이야기를 이어 갔다.

"음, 음악을 하는 데엔 다양한 방식이 있지. 요새 젊은 친구들은 협동조합을 만들어서 서로 돕는 시스템을 만들기도 하더라. 그리고 소셜 펀드를 통해서 앨범을 내는 친구들도 있어. 음악을 지속 가능한 일로 만들기 위해 다양하게 노력하고 있는 거지."

방법은 무궁무진하다는 얘기였다. 우리가 흔히 아는 오디션 프로그램에 참가하는 방법만 있는 건 아닌 모양이다.

"쉬운 일은 아니네요?"

형수가 물었다.

"그렇지. 쉬운 일이 아니지. 가족이 무작정 응원해 주지도 않고. 그렇지만 포기할 수 없을 만큼 내가 정말 좋아하는 일이라면? 그렇다면 삶으로 증명해 내는 수밖에 없겠지."

"아저씨처럼요?"

설리가 빙긋 웃으며 물었다. 아저씨도 아빠도 껄껄 웃었다. 아저씨가 설리에게 말했다.

"나중에 그 진로 고민하는 친구도 공연에 한번 데려와라."

얼큰하게 취한 아빠는 집에 가는 길에 대리 기사를 부를 수밖에 없었다. 아빠는 대리 기사 옆 조수석에 앉아서 혀 꼬부라진 소리로 말했다.

"박명수! 걱정 말고 너 하고 싶은 거 해! 해 보지 않으면 알 수 없으니까……. 해 보지 않으면 후회하니까……."

아빠가 올해 들어 한 말 중에 가장 멋진 말이었다. 그렇지만 내일 아빠가 저 말을 기억이나 할지 모르겠다.

일요일 아침, 7시가 되자 눈이 번쩍 뜨였다. 엄마는 아직 휴가 중이고, 아빠는 아직 취침 중이었다. 더 자 보려고 해도 잠이 오지 않았다. 스마트폰을 꺼내 들고 게임을 시작하는 수밖에!

한참 하다가 몸에 좀이 날 것 같아 일어나 보니 아직 9시도 안 돼 있었다. 부엌으로 가서 어슬렁거리다가 토스트기에 빵을 구웠다. 딱히 약속도 없고, 할 일도 없고, 문자 메시지 하나 오지 않았다. 이토록 지루한 일요일 아침이 또 있을까. 침대에 가만히 누워 있으니 어제 그 보컬 아저씨가 떠올랐다. 덩달아 뮤직맨도 떠올랐다.

컴퓨터를 켜고 보컬 아저씨가 알려 준 협동조합을 검색해 보았다. 음악 하는 사람들이 만든 '자립음악생산조합'이라는 것이 궁금해서였다. 홈페이지에 들어가서 보니, 음악을 하고 싶은 사람들이 일정 금액을 내 음악 앨범을 낼 수 있게 서로 돕는다고 했다. 오래오래 음악을 할 수 있도록 서로 돕고 살자고 만든 모임이라고 했다. 기획사에 속해 있지 않더라도 음악을 하고 싶은 사람들이 혼자 힘으로도 할 수 있어서 '자립'이라는 말을 앞에 붙인 모양이다.

소셜 펀딩도 검색해 보았다. 어떤 일을 시작은 해야겠고 돈이 없을 때, 사람들에게 만 원·이만 원씩 소액 투자를 받는 것이라고 했다. 대신에 일이 마무리되면 품앗이처럼 투자를 해 준 사람들에게 약속했던 일들을 해 주는 식이다. 그렇게 해서 음악 앨범을 만든 사람도 있었다. 투자자들에게는 직접 방문해 작은 공연을 열어 준다고 했다.

'꿈을 이루기 위해 이렇게 백방으로 뛰는 사람들이 있구나!'

뮤직맨에게 이런 이야기를 전해 주면 좋을 거다. 학생 주임은 좋아하지 않을 테지만.

한글 파일을 여니 커서가 껌뻑거렸다. 한동안 그 껌뻑이는 커서를 쳐다보다가 나는 그만 학생 주임이 좋아하지 않을 일을 시작해 버렸다. 뮤직맨에게 답장을 쓰기 시작한 거다. 한번 쓰기 시작하니 쭉 써졌다. 쓰다가 막혔더라면 그냥 없던 일로 했을 텐데, 결국 답장이 완성되어 버렸다. 학생 주임에게 또 걸리면 뭐라고 말해야 할까? 너무나 길고도 지루한 일요일 때문이었다고 말하면 될까? 다음은 내가 쓴 답장이다.

뮤직맨!

네가 보낸 편지는 잘 받아 봤다.

정말 고민이 많겠구나! 우선 나는 고민이 되긴 하지만 꿈이 있다는 게 정말 멋지다는 생각이 들었다. 사실 우리 나이에 꿈이 없는 애들이 더 많잖아? 일단 박수! 박수를 보낸다!

그러니까 너의 꿈은 크게 2개의 장벽 앞에 서 있다고 할 수 있겠구나. 하나씩 정리해 보자!

첫째 장벽: 부모님의 반대

내가 얼마 전에 〈빌리 엘리어트〉라는 영화를 봤거든. 자신의 꿈을 아빠가 반대해서 고민에 빠진 남자아이가 나와. 우리보다 어린 열한 살인데도 벌써부터 발레리노가 되겠다고 하는 아이였어. 이름은 빌리 엘리어트! 실화인 이 영화에서도 처음엔 아빠가 빌리의 꿈을 엄청 반대해. 하지만 빌리가 발레 하는 모습을 직접 본 후에 아빠는 달라지지. 아들을 응원하게 된 거야.

어쩌면 뮤직맨의 부모님도 그러시지 않을까? 그러니 머뭇거리지 말고 일단은 한번 시작해 보는 게 어때? 정말로 어른이 되어 보기 전에 내가 무얼 잘할 수 있을지 나를 한번 시험해 보는 거야! 해 보지 않고서는 알 수 없는 거니까. 그런 다음 부모님께 네 실력을 보여 드리는 것도 좋은 방법이 될 수 있을 거야. 물론 부모님은 네가 힘든 길을 간다고 생각해서 말리고 싶으신 거겠지만, 네가 진심으로 간절히 바라고 열정적으로 하는 모습을 보여 드린다면 부모님도 너를 믿으실 거야. 네 선택이 옳았다는 걸 보여 드리면 돼. 우린 중학생이니까 뭐든 해 볼 수 있어! 하다 보면 알 수 있게 된대.

둘째 장벽: 가난뱅이가 될까 봐 걱정

말하자면 너의 고민은 '굶어 죽기 딱 좋지만, 내가 하고 싶은 일! 이거 해도 될까?' 이런 고민인 거잖아. 열다섯 살인 우리 머리와 경험으로는 네 고민을 상담해 주기에 부족하다는 판단이 들었어. 그래서 너와 같은 고민을 했던 '조상님'들은 없었는지 한번 찾아봤지. 밴드 하는 아저씨를 직접 만나 보기도 했다고! 랩 메탈을 하는 밴드의 보컬 아저씨야. 아저씨는 직장인 밴드를 하고 계셨어. 평일엔 직장인이고, 주말엔 음악인으로 사는 분이었지. 음악을 하는 방법에 대해서 밴드 아저씨가 해 준 이야기를 전해 줄게.

우선 이미 알려져 있는 방법으로 오디션 프로그램에서 우승을 하거나 기획사에 뽑히는 방법이 있어. 아주 극소수의 사람만 선택될 거야.

그렇지만 음악이 다양하듯 음악을 하는 방법도 다양한 모양이야. 어떤 사람들은 소속사에 속하지 않고도 음악을 할 수 있도록 모임을 만들고 서로 도움을 주고받는대. 자립음악생산조합이라는 곳에서 그런 일을 몇 년째 하고 있어. 소속사의 요구에 구속받지 않는 장점도 있대.

그리고 돈이 없어서 음반을 내지 못하는 사람들은 소셜 펀딩을 통해서 아주 적은 돈이라도 알음알음 모아 음반을 내고, 소액 투자를 해 준 사람들에게는 꼭 돈이 아니더라도 품앗이를 하듯 다양한 방식으로 은혜를 갚는대. 생일에 찾아가서 노래를 불러 주기도 한다니, 더 좋아 보이더라고.

음악을 하기 위해 정말 다양한 방식으로 저마다 노력하고 있더라. 나의 조언은 일단 부딪쳐 보라는 거야. 아무것도 하지 않으면, 아무것도 알 수 없으니까.

그럼 건투를 빈다!

다 쓴 글을 읽어 보며 정말 보낼지 고민에 빠져 있을 때 방문 두드리는 소리가 났다. 숙취로 눈이 퀭한 아빠였다.

"중국집에 뭐 시켜 먹을래?"

어제 아빠가 했던 말이 떠올랐다. 기억이나 하시려나?

아빠가 중국집에 전화를 거는 사이, 나는 설리와 형수에게 내가 쓴 글을 보냈다. 형수는 말리고, 설리는 격려했다.

'보낼까 말까.'

막상 보내기 버튼을 누르려니까 학생 주임의 얼굴이 떠올랐다. 마치 등 뒤에서 학생 주임이 나를 지켜보기라도 하는 것처럼 불안한 마음이 들었다.

다시 한 번 답장을 읽어 보았다.

'아무것도 하지 않으면, 아무것도 알 수 없으니까.'

내가 썼지만 멋진 말이다. 나는 보내기 버튼을 눌렀다. 해결사로서 처음이자 마지막 임무 완수다.

덕후 마음은 덕후가 안다고!

월요일 아침 등굣길, 발이 잘 떨어지지 않았지만 마음을 다잡고 교문으로 걸어 들어갔다. 오늘도 어김없이 학생 주임이 등교 지도를 하고 있었다. 고개를 푹 숙인 채 인사를 하고는 냅다 교실로 향했다. 아침 조회 시간에도 종종 학생 주임과 눈이 마주치긴 했지만 그런대로 잘 지나갔다. 다행히 학생 주임은 내가 뮤직맨에게 편지를 보낸 사실을 모르는 것 같았다.

복도를 따라 교실로 걸어가는데, 게시판에 줄줄이 붙은 영어 연극 동아리, 과학 실험 동아리 등의 포스터가 눈에 들어왔다. 저렇게 공개적으로 동아리 부원도 모집하는데, 왜 우리는 꽁꽁 숨어서 해야 하는 건지 갑자기 억울한 마음이 들었다.

터벅터벅 교실로 들어가 자리에 앉아 있는데, 교실 뒤쪽에서 아이들이 얘기하는 소리가 들렸다.

"꿈 탐험대라고 새로 생기는 동아리인데, 대학교에도 직접 가 볼 수 있대. 할 생각 없어?"

누군가 동아리 신입 부원을 모집하는 모양이었다.

'여기저기서 당당하게 동아리 활동을 하고 있구나. 그런데 왜 우리는 이렇게 안절부절못하고 불안해해야 하지?'

나는 그만 책상을 박차고 일어나서 큰 소리로 외치고 말았다.

"아니, 왜 우리는 안 된다는 거야?"

가끔 머릿속에 있던 말이 이렇게 그냥 툭 튀어나와 버릴 때가 있다. 교실에 있는 아이들의 시선이 모두 나에게로 쏠렸다.

"뭘 봐! 할 일들이나 해."

나는 괜히 인상을 쓰며 말했다.

그때 이기자의 목소리가 들려왔다.

"우리가 누군데? 너랑 그 전학생이냐?"

먹이를 보면 놓치는 법이 없는 이기자가 기회를 놓치지 않고 본인의 주특기인 깐죽거림을 시작했다.

"너 그 전학생이랑 사귀냐?"

"그런 거 아니거든!"

나는 이를 악물고 말했다.

"무슨 반대라도 부딪힌 모양이다? 금지된 사랑이라도 하는 거야?"

이기자가 여기까지만 했더라면 그냥 넘어갔을 것이다.

"그럼 내가 그 전학생이랑 사귀어도 되냐?"

이기자는 기어이 내 머리 뚜껑을 열고 말았다. 나는 이기자에게 달려들어 먹살을 콱 움켜쥐고 벽으로 몰아붙였다. 이기자가 겁을 먹었는지 입을 다물었다. 역시 입만 산 놈이었다.

내가 정신을 차리고 먹살을 놓자, 이기자가 잠시 닫았던 입을 다시 열었다.

"너…… 그러고도 무사할 줄 알아?"

당연히 그러고도 무사할 줄 알았다. 그렇지만 늘 그렇듯 현실은 내 바람과는 다르게 흘러가는 모양이다.

몇 시간 뒤, 학생 주임이 나를 호출했다.

"너 인마, 왜 친구 먹살을 잡고 괴롭혀? 이기자 어머니가 단단히 화가 나셨어!"

학생 지도부실에 들어서자마자 학생 주임이 나에게 소리쳤다. 뮤직맨 상담한 일을 안 들키고 잘 지나가나 싶더니, 결국 이기자 때문에 불려 오게 된 것이다.

"반성하는 기미가 안 보이는데!"

"반성하고 있습니다."

나는 기어들어 가는 목소리로 말했다. 최대한 뉘우치는 표정을 지어 보이며 오랜 시간 학생 주임의 꾸지람을 견뎌야 했다.

"박명수, 오늘 기분 완전 다운인데."

하굣길에 형수가 내 눈치를 살피며 말했다.

오늘은 연구소에 가기로 한 날이다. 물론 이제 더 보고할 내용도 없지만 말이다. 고민 상담 부탁도 더는 들어오지 않았고, 나의 하루는 우울했다. 내일도 모레도 어둠만 기다리고 있는 것처럼 느껴졌다.

내가 대답을 안 하고 있자 형수가 다시 물었다.

"너 오늘 학생 지도부실에 또 불려 갔다며?"

"응."

"편지 걸린 거야?"

"아니야. 이기자가 까불어서 혼내 주려고 했다가……."

나는 설명하기가 귀찮아서 말끝을 얼버무렸다.

"이기자? 정식이가 이기자 조심하랬잖아. 무슨 일인데?"

활활 타오르고 있는 아궁이에 이기자 녀석이 잘 마른 장작을 집어넣은 격이랄까? 커다란 솥에서 물이 끓어 넘치는 모습이 머릿속에 그려졌다. 그때 설리랑 눈이 마주쳤다.

"왜 싸웠어?"

설리도 궁금하다는 표정으로 물었다.

"이기자가 헛소리를 하기에……."

"무슨 헛소리?"

형수가 물끄러미 나를 바라보았다. 학교 식당에서 고기 반찬이 없을 때 형수는 딱 저런 표정을 짓곤 했다. 나는 형수가 더 캐묻기 전에 화제를 돌렸다.

"대체 누가 일러바쳤는지……. 오늘도 하루 종일 걸릴까 봐 신경 쓰였네."

그렇게 말하고서 마침 앞에 있는 작은 돌을 발로 힘껏 찼다.

"우리가 대자보 붙이는 걸 누가 본 걸까?"

설리가 말했다.

"몰라. 설리 넌 아무한테도 말 안 했지?"

내가 설리를 보며 묻자 설리가 고개를 끄덕였다.

"그 밀고자, 나랑 명수한테 원한이라도 있는 걸까?"

설리가 장난스럽게 말했다.

"내가 무슨 원한 살 일이 있다고."

나는 심드렁하게 대답했다. 형수가 나를 한 번 쓱 보더니 대수롭지 않다는 듯이 지나가는 투로 말했다.

"그거, 내가 세종이한테 말하긴 했는데…….."

"뭘?"

내가 놀라서 물었다.

"대자보 말이야. 근데 뭐 걔가 투서 같은 걸 썼을 리가 있나? 우리 삼총사였잖아. 아니, 세종이가 자꾸 대자보 얘기를 하면서 무슨 램프의 요정 지니 같다고, 고민을 들어 준다고……. 하도 얘기를 해서 그냥 말해 버렸지, 뭐."

형수는 내가 말할 틈도 주지 않고 혼자 실컷 떠들었다.

"너 진짜!"

내가 화를 내려고 하자 형수는 다시 한 번 재빠르게 입을 놀렸다.

"세종이 걔가 왜 너를 신고하겠냐? 설마 너 의심하냐? 물론 요새 세종이가 바빠서 같이 잘 어울리지 못하지만, 그래도 한번 우정이 어디 가냐?"

그러더니 형수는 갑자기 어머니 허리 디스크 얘기를 꺼내기 시작했다. 수술을 받을지 말지 고민 중이라는 거였다. 형수는 엄마가 허리 디스크 판정을 받은 작년 겨울방학부터 마트에서 일을 돕고 있었다. 형수가 어머니 이야기를 한다는 건, 말하자면 '까임 방지권'을 행사하겠다는 거였다. 어머니 아프신 이야기를 하는데, 거기에 대고 화를 낼 순 없는 노릇이니까 말이다. 형수는 한참을 떠들다가 화살을 나에게 돌렸다.

"봐! 내가 뮤직맨한테 편지 보내지 말라고 했잖아. 뭐하러 편지는 보내 가지고 이렇게 마음을 졸이냐?"

"다 쓴 걸 어떻게 안 보내냐. 아 몰라, 나도 이제 상담 안 할 거야."

그때 스마트폰으로 뭔가를 보고 있던 설리가 외쳤다.

"어? 메일 왔다!"

나는 설리를 바라보았다. 혹시 뮤직맨이 답장을 했을지도 모른다.

"새 의뢰인이야. 너희 정말로 상담 더 안 할 거야?"

설리가 입가에 미소를 지으며 말했다. 그러고는 길 한가운데 멈춰 서서 큰 소리로 편지를 읽기 시작했다.

보내는 사람 **잉여 군**

제목 **나는 잉여 인간일까?**

- -

놀이 연구소 연구원들, 안녕?

고민 상담은 계속하고 있는 거니? 내 고민은 나의 잉여스러움이야.

주말이니까 좀 뒹굴뒹굴하며 쉬고 싶었는데, 어제 나는 집에서 아주 충격적인 말을 들었어. 아빠가 한심하다는 표정으로 나를 쳐다보면서 쓸데없는 데만 관심이 많고 머리에 똥이 한 가득 찼대. 노크도 없이 내 방에 들어와서 책상에 쌓인 책들을 보시더니 다짜고짜 그렇게 화를……. 또르르 눈물이 흐른다.

부모는 돈 버느라 등골이 휘는데 자식은 공부할 생각은 안 하고 시시껄렁한 책이나 사들이고 있다고. 그런 책을 읽는 애들은 방구석 폐인밖에 더 되겠느냐면서 말이야. 내가 뭘 그렇게 잘못한 것도 아닌데 아빠는 기회라도 잡은 것처럼 불같이 화를 내셨어.

나는 사실 라이트 노벨을 정말 좋아해. 학교에서 읽으라고 하는 권장 도서보다 천배는 더 재밌거든. 학교에서는 친구들이 놀릴까 봐 정말 친한 애들 아니면, 내가 라이트 노벨 읽는다는 걸 말한 적도 없어. 거의 혼자만의 취미야.

내가 뭘 그렇게 잘못한 걸까? 정말 방구석 폐인이 되어 버리진 않을까 무서운 생각도 들어. 라이트 노벨을 책상 아래 구석에 넣어 두고, 무거운 마음에 이렇게 고민 편지를 써 봐.

설리가 편지를 다 읽더니 우리를 번갈아 보았다. 상담 좀 그만하자던 김형수는 웬일인지 아무 말이 없었다.

"뮤직맨 답장도 무사히 잘 넘어갔잖아."

학생 주임 무서운 줄 모르는 설리는 아직도 그놈의 해결사 일을 계속 이어 가고 싶은 모양이다. 그렇지만 나는 잘 모르겠다. 처음에는 그저 근사한 카메라로 영화를 찍어서 학교에서 스타가 되고 싶었다. 그런데 이제 와서는 내가 원했던 게 뭐였는지 도통 모르겠다는 생각마저 들었다. 내가 진짜 원하는 게 뭘까?

"잉여 인간?"

침묵을 깨고 형수가 입을 열었다.

"뭐?"

내가 형수를 보고 물었다.

"잉여 인간이라니까 꼭 우리 같다, 야."

형수가 쓴웃음을 지으며 말했다. 물론 고민 상담 의뢰를 두고 하는 말이었다.

"잉여가 무슨 뜻인데?"

설리가 물었다.

"어, 그러니까 생산적인 일을 하지 않고 쓸모없는 짓이나 하면서 시간 때우는 걸 잉여 짓 한다고 그래."

형수가 제 딴에는 자상하게 설명해 주었다.

"그러니까 김형수가 밤에 과자를 퍼먹으면서 『역시 내 청춘 러브 코메디는 잘못됐다』 같은 로맨스 소설 읽는 걸 말하지."

내가 형수를 놀려 줄 생각에 한마디 덧붙였다.

"야, 그게 왜 로맨스 소설이냐? 그리고 이로하가 얼마나 귀여운데……."

형수는 소설 속 인물의 이름을 대며 왠지 기죽은 듯 말했다.

"형수, 상담 부탁한 사람과 같은 종류의 소설을 좋아하는 거야?"

설리가 물었다.

"응, 뭐…… 그냥 쪼금."

"그럼 형수가 상담해 주면 좋지 않을까? 응? 어떻게 생각해?"

"그런데 또 걸려서 작년처럼 벌점이라도 맞으면 어떡해. 학생

기록부에도 다 남을 텐데."

형수가 기죽은 표정으로 말했다. 형수 대답을 들은 설리도 기운 빠진 목소리로 말했다.

"하아, 이런 걱정 안 하고 할 수 있는 방법은 없나?"

나도 찾을 수만 있다면, 찾고 싶다. 학생 주임에게서 벗어날 수 있는 방법을!

결국 우리 셋은 모두 시무룩한 상태로 연구소에 도착했다. 박사님은 우리를 반갑게 맞아 주었다. 그러고는 미리 준비해 놓았는지 검정 가방을 내게 내밀었다. 눈이 휘둥그레졌다.

"이게 뭐예요?"

나는 가방을 열어 보았다. 그 안에 든 건 카메라였다. 커다랗고 오래되어 보이는 카메라였다.

"아직 고민 수집을 다 못 했는데요?"

내가 놀라서 한 번 더 물었다.

"선물이라고 생각해."

박사님이 밝게 웃으며 말했다. 카메라를 손에 들고 버튼을 누르자 삐거덕거리며 필름을 넣는 함이 열렸다. 카메라 가방에는 포장을 뜯지 않은 필름도 두 개 들어 있었다.

"한번 찍어 봐. 찍어 보자."

설리도 어느새 재미있는 일이라도 생긴 것처럼 말했다. 필름 포장을 뜯어내고 카메라에 필름을 넣었다.

"이거 누르면 돼요?"

나는 녹화 버튼을 누르면서 물었다.

"오, 찍히고 있어."

카메라에는 설리와 형수, 박사님이 모두 잡혔다. 예상치도 못한 골동품 카메라로 첫 작품을 찍게 생겼다는 생각이 들었다. 한편으로는 흑백 영화라도 찍어야 할 것 같은 느낌이 들기도 했다. 거장의 카메라 같은 느낌이랄까? 카메라에 달린 작은 화면에 세 사람이 들어가 있는 모습을 가만히 보고 있자니, 괜스레 웃음이 나왔다. 박사님이 오랫동안 간직해 온 카메라라고 했다. 우리는 한참이나 카메라를 켜 놓고 여기저기 찍어 보며 시간을 보냈다. 그렇게 수다를 떨다 보니 기분이 좀 나아지는 것 같았다.

집에 돌아와서 자려고 침대에 누웠다. 내일은 학교에 카메라를 가져갈 생각이다. 스마트폰을 만지작거리다 메일함을 한번 열어 보았다. 새 메일이 한 통 와 있었다.

아이언맨, 고맙다.
　　 – 뮤직맨

나는 이 짧은 글을 몇 번이고 다시 읽었다. 그러다가 입가에 미소를 머금고 스르르 잠이 들었다.

다음 날, 1교시가 끝나고 쉬는 시간에 커다란 카메라를 꺼내 들었다. 그러자 내 주위로 아이들이 모여들었다. 나는 녹화 버튼을 누르고 아이들을 빙 둘러 찍었다.

"뭐야, 무슨 카메라가 이렇게나 커."

"무슨 무기 같아!"

친구들 반응도 제각각이었다. 친구들의 관심을 받으니 왠지

의기양양해지는 기분이었다.

점심시간에는 형수랑 같이 카메라를 들고 운동장으로 나갔다. 시험 삼아 찍어 볼 생각이었다. 운동장에 나오니 농구공을 들고 가는 세종이가 보였다. 세종이를 보자 형수가 했던 말이 떠올랐다. 카메라를 형수에게 맡기고 세종이에게 달려갔다.

"어이, 김세종!"

세종이가 나를 보고는 멈춰 섰다.

"김세종! 너 그거 다 안다며?"

"뭘?"

세종이는 태연하게 딴청을 부렸다. 나는 주변에 있는 아이들이 듣지 못하게 작은 소리로 한 번 더 물었다.

"네가 우리 연구소 일을 안다며?"

"그래서?"

세종이가 귀찮은 듯 퉁명스럽게 대꾸했다. 나는 다시 작은 소리로 속삭였다.

"비밀은 잘 지키고 있지?"

세종이는 농구공을 몇 번 튀겼다.

"안 지키면 어쩔 건데?"

"뭐라고? 설마 네가 일러바쳤냐?"

내가 세종이를 노려보며 목소리를 높였다. 카메라로 여기저기 찍고 있던 형수가 그 모습을 보더니 단숨에 달려왔다.

"야, 너희들 왜 그래?"

형수가 분위기를 중재하고 나섰다. 형수가 나타나자 세종이는 공을 들고 농구 골대 쪽으로 가 버렸다. 별것 아닌 일도 시시비

비를 가려야 직성이 풀리는 김세종이 이날따라 얼렁뚱땅 자리를 피하고 만 것이다.

"야, 김세종! 어디 가? 이리로 안 와!"

형수는 내가 세종이를 따라가지 못하게 붙잡았다.

"너 세종이한테 왜 그러냐?"

"쟤가 신고한 거면 어쩔래?"

나는 형수에게 따져 물었다.

"세종이 아니야, 아니랬어. 내가 물어봤어."

형수는 그저 세종이만 두둔하고 나섰다. 나도 의심 같은 건 하기 싫다.

돌이켜 보면, 원수라도 진 것처럼 행동한 건 내가 아니라 김세종이다. 중학교 입학하고서는 같이 다니던 학원을 말도 없이 옮기더니, 해명을 해도 모자랄 판에 걸핏하면 눈을 흘길 때가 많았으니 말이다. 한참 밴드부 애들과 어울려 다닐 때는 내가 인사를 무시했다나 뭐라나 하면서 트집 잡기 일쑤였고. 이것도 한참이나 지난 후에 형수에게 듣고 겨우 안 사실이다. 아니, 정식이나 호연이같이 소란스러운 밴드부 애들 사이에 있으면 지나가는 사람을 못 볼 수도 있지, 그게 눈을 흘길 만한 일인가. 보고도 알은체 안 하고 가 버린 사람이 누군데! 집게 맨 시절, 쓰레기를 줍다 분명 눈이 마주쳤는데도 그냥 지나간 사람이 바로 김세종이었다!

심지어 한번은 쓰레기를 치우던 나를 발견하더니, 같이 걸어가던 여학생들과 귓속말로 속삭이며 웃기도 했다. 그건 정말이지 도저히 참을 수 없는 일이었다. 홀아비 반인 것도 억울한데,

여학생들한테 비웃음을 사다니! 그때 형수가 내가 오해한 거라며 말리는 통에 제대로 따져 보지도 못한 게 한스러울 뿐이다. 징계 위원회에 불려 간 뒤부터 김형수는 "제발 조용히 좀 살자." 하면서 나를 옴짝달싹 못하게 했으니까 말이다. 그러다 김세종과 나 박명수는 지금의 이 지경, 소 닭 보듯 서로 무심한 사이가 되고 말았다.

돌이켜 보건대, 내 잘못이라고는 도무지 찾아보려야 찾아볼 수가 없다. 지나간 일을 떠올리다 보니 생각에 생각이 꼬리를 물고 계속 떠올랐다. 그것도 안 좋은 쪽으로만! 그러다 귀한 점심시간을 헛되이 보내 버리고 말았다.

오후에는 영화 감상 동아리 수업이 기다리고 있었다. 나는 주섬주섬 카메라를 꺼내 들었다. 카메라 가방을 어깨에 메고 별관 건물로 향했다. 딱히 카메라로 무언가를 찍기 위해 들고 간 것은 아니었다. 카메라라도 옆에 있어야 허전한 마음 한구석이 조금이나마 채워질 것 같았기 때문이다.

이날 선생님이 틀어 준 영화는 〈잉여들의 히치하이킹〉이었다. 학교도 그만두고 카메라를 메고 유럽으로 떠난 청춘들의 이야기였다. 나는 교실 맨 뒷자리에 앉았다. 가만히 카메라의 녹화 버튼을 눌렀다. 영화를 보고 있는 친구들의 뒷모습이 카메라에 달린 작은 화면에 들어왔다. 영화에 몰입한 윤하의 모습도 화면에 잡혔다. 선생님은 영화를 틀어 놓고 어디로 갔는지 보이지 않았다.

잠시 뒤, 누군가 내 어깨를 두드렸다.

"아, 깜짝이야."

뒤를 돌아보니 거기에 선생님이 서 있었다.

"그거 뭐냐?"

선생님이 작은 소리로 말했다. 잔소리가 쏟아질 줄 알았는데 예상과는 다르게 선생님이 관심을 보였다. 친구들이 그랬던 것처럼 말이다.

"카메라요."

나도 작은 소리로 속삭였다.

"쓸 줄은 아니?"

"네."

"편집도 할 줄 알아?"

"예?"

속삭이려다 그만 갈라진 목소리가 크게 튀어나오고 말았다. 몇몇이 내 쪽을 바라보았다. 윤하도 영화를 보다 말고 나를 쳐다보았다. 얼굴이 화끈거렸다.

선생님이 나를 보고 한 번 더 속삭였다.

"배우고 싶니?"

녹화 버튼을 눌러서 찍는 것 말고는 아는 게 없었다. 나는 고개를 끄덕였다.

"종례 끝나고 교무실로 와. 지금은 영화에 집중하고!"

선생님은 씩 웃어 보이더니 발길을 돌렸다. 나도 카메라를 끄고 교실 앞에 설치된 커다란 텔레비전으로 시선을 돌렸다. 영화에서 잉여라는 형들은 히치하이킹을 하며 여행을 했고, 게스트하우스 소개 영상을 만들면서 숙식을 해결했다. 형수가 이 영화를 봤다면, 우리 같다고 키득거렸을까? 어느새 나도 영화를 집중해서 보게 되었다.

수업이 끝나고 교실 문을 나설 때 윤하가 카메라에 관심을 보이며 물었다.

"웬 카메라야? 이제 정말 영화 찍는 거야?"

"뭐, 그런 셈이지."

카메라를 가져오길 잘했다는 생각이 들었다.

"와, 대단하다. 정말 하는구나!"

나는 멋쩍게 웃었다.

"교실 가지? 같이 가자."

"아니야, 먼저 가. 난 도서실에 들러야 해서."

"도서실?"

"희망 도서 신청한 게 있거든."

문학소녀 한윤하, 도서실은 윤하와 잘 어울리는 공간이라는 생각이 들었다.

"나 먼저 갈게, 교실 청소 시작하기 전에 다녀와야 해서."

윤하는 손을 흔들고는 별관 2층에 있는 도서실로 가 버렸다. 나는 아쉬운 마음을 뒤로한 채 교실로 갔다.

종례가 끝나고 교무실로 최동진 선생님을 찾아갔다.

"박명수, 어서 와라."

교무실 문을 열고 들어온 나를 보더니, 선생님이 큰 소리로 외쳤다.

"또 사고 쳤니?"

지나가던 선생님이 나를 흘낏 보며 말했다.

"아니요."

나는 심드렁하게 대답하고는 보란 듯이 다른 어깨에 카메라를 옮겨 메고 최동진 선생님 자리로 갔다.

"와, 오래된 카메라네. 이런 전문가용 카메라로 뭐하려고?"

선생님은 카메라를 요리조리 살펴보더니 말했다.

"영화 찍으려고요."

"오, 영화! 어떤 영화를 찍을 건데?"

"그건 아직 생각 못 해 봤어요. 그런데 다 찍은 건 어떻게 해야 하는 거예요?"

"어디 보자, 필름을 변환하는 장치가 필요해. 보통 우리가 쓰는 컴퓨터로 할 수 있는 건 아니고, 영상 작업을 하는 업체에 가서 도움을 받아야 할 거야."

"뭐가 그렇게 복잡해요?"

"간단하게 할 수 있는 방법도 있지."

선생님은 갑자기 스마트폰을 꺼내 들었다.

"스마트폰으로 찍는 거야."

"네? 전 영화 찍을 건데요!"

선생님이 나를 무시하는 것만 같아 정색을 하며 말했다.

"카메라가 문제가 아닌 것 같은데? 넌 지금 무얼 찍을지 아무 생각이 없잖아. 무얼 찍을지 그것부터 생각해 봐. 그리고 지금 그 카메라로 영화를 만들 수 있을까? 좋은 카메라긴 하지만, 전문적인 기술을 배워야 하잖아. 필름 하나가 90분짜리인데, 매번 촬영한 것들을 다 변환하고 편집까지 하려면…… 초보자에

겐 무척 힘들 거야. 나라면 스마트폰으로 간편하게 찍어서 노트북에 옮겨서 편집하겠어. 아주 간단하게!"

'그건 폼이 안 나잖아요.'라는 말이 튀어나올 뻔했다.

"이 골동품으로 감독 데뷔를 하는 건 역시 무리였나 봐요. 새 걸 사야겠어요."

나는 금세 시무룩해지고 말았다. 교무실 문틈으로 얼굴을 빼꼼 내밀고 손짓하는 형수가 보였다. 얼른 가자는 신호였다.

"선생님, 저 이만 가 볼게요. 밖에서 친구가 기다려요."

카메라는 그냥 두고 가고 싶은 심정이었지만, 박사님을 생각해 다시 가방에 집어넣었다. 인사를 하고는 돌아서려는데 선생님이 말했다.

"명수야, 영화 제작 동아리 해 볼 생각은 없니?"

내가 선생님을 돌아보자 다시 말했다.

"동아리를 하나 만들려고 하는데, 관심 있으면 한번 생각해 봐."

"네."

나는 인사를 하고는 교무실 밖으로 나갔다. 내가 나오자마자 형수가 기다렸다는 듯이 물었다.

"사회 선생님이 왜 부른 거야?"

"영화 제작 동아리 할 생각 없냐고."

"생각 있어?"

"상담 동아리도 몰래 하는 판에 무슨……."

"아, 맞다! 나 내일 양재동에서 하는 서울 코믹월드 구경 갈 건데 같이 갈래? 설리도 간대."

형수가 갑자기 생각난 것처럼 화제를 돌렸다.

"설리랑? 설리도 그런 거 좋아한대?"

"재밌을 것 같다던데."

형수는 서울 코믹월드 전시가 열릴 때마다 빠지지 않고 보러 갔다. 평소에 보기 힘든 피규어(만화와 영화 등의 등장인물을 축소해 정교하게 재현한 모형)를 보러 가는 게 주목적이었다. 물론 나는 한 번도 같이 가 본 적이 없다. 덕후(어떤 한 분야에 몹시 열중하는 사람)들의 모임에는 전혀 관심이 없었으니까! 그런데 설리가 가겠다고 하니, 왠지 나도 한 번쯤은 가 보고 싶다는 생각이 들었다.

"그래, 같이 가자."

"웬일이냐?"

형수가 뜻밖이라는 표정으로 나를 바라보았다.

우리는 토요일 점심때 만나기로 했다.

'대한민국 덕후들이 총출동했군!'

전시장에 도착하자 제일 먼저 든 생각이었다. 전시장에 들어서자 설리는 누군가를 향해 달려가며 외쳤다. 하얀 요괴 인형 탈을 쓰고 검은 천을 뒤집어쓴 사람이었다.

"사진 한 장 찍어도 돼요?"

설리가 연예인이라도 만난 것처럼 호들갑을 떨며 물었다. 하얀 요괴 탈을 쓴 사람은 고개를 끄덕이더니, 주변에 있는 요괴들에게 손짓을 했다. 요괴들이 설리 곁으로 우르르 몰려들었다. 설리는 뭐가 그리 좋은지 우글거리는 요괴들 사이에 끼어 활짝 웃으며 사진을 찍었다.

"저 사람 뭐야?"

내가 하얀 요괴 탈을 쓴 사람을 가리키며 형수에게 물었다.

"가오나시. 〈센과 치히로의 행방불명〉이라는 애니메이션에 나오는 캐릭터야. 저 요괴들도 다 그 애니메이션에 나와."

그사이에 설리는 커다란 곰 인형을 발견하고는 팬클럽 소녀처럼 뛰어갔다.

"이번엔 토토로군."

내가 묻기 전에 형수가 나를 보며 먼저 말했다.

"그런데 왜 다들 저러고 있는 거야?"

"자기가 좋아하는 만화나 애니메이션 캐릭터를 흉내 내는 거야. 이런 걸 코스프레라고 하지. 저런 복장을 직접 만들기도 해. 오! 저 사람은 정말 루피(만화 『원피스』의 주인공)랑 똑 닮았네!"

형수가 지나가는 사람을 가리키며 말했다.

"아니, 근데 왜 굳이 이런 코스프레까지 하는 건데?"

"재밌으니까! 좋으니까 하는 거야."

형수가 씩 웃으며 대답했다. 급식소에서 치킨이 나올 때보다도 더 반짝이는 눈빛으로 말이다. 물어보면 뭐든 척척 대답도 잘하고, 게다가 먼저 나서서 설명까지 했다. 학교에서 보던 김형수하고는 완전히 달랐다. 이곳에서는 형수가 우등생이고 모범생이었다.

우리는 코스어(코스프레 하는 사람)들과 사진을 더 찍겠다는 설리를 말리며 전시회장으로 들어갔다. 전시회장은 사람들로 붐볐다. 형수는 나란히 줄지어 있는 부스를 하나하나 살펴보고 다녔다. 직접 그린 그림으로 엽서를 만들어 파는 사람들도 있고, 포스터를 제작해 걸어 놓은 사람도 보였다. 형수는 좋아하는 캐릭터의 피규어를 한참이나 서서 구경했다.

"아, 갖고 싶다, 저거!"

피규어를 바라보며 형수가 말했다.

"야, 중학생쯤 됐으면 장난감 좀 그만 사라."

형수에게 핀잔을 주고 고개를 돌려 보니, 아저씨 두 분이 신나게 피규어를 고르는 모습이 보였다. 그러고 보니 어른들이 제법 많았다. 형수가 가지고 싶어 하던 피규어는 결국 그 아저씨들이 사 가 버렸다.

"아, 내가 갖고 싶었는데……."

형수는 못내 아쉬워하며 발길을 돌렸다. 형수가 살 수 있는 거라고는 고작 엽서 몇 장뿐이었다. 설리는 좋아하는 캐릭터들과 사진을 찍어서인지 기분이 좋아 보였다. 형수는 전시장에 몇 시간이고 더 있을 기세였지만, 연구소에 가야 했기 때문에 끌고 나왔다. 저녁에 연구소에서 고기 파티를 하기로 해서 가능한 일이었다. 고기 파티가 아니었더라면 형수는 전시회가 끝날 때까지 몇 바퀴고 전시장을 돌며 행복한 산보를 이어 갔을 거다.

"우아, 고기다! 고기!"

형수가 고기를 보더니 아이처럼 소리를 질렀다. 박사님은 스테이크를 준비하고 있고, 한편에는 이미 노릇하게 튀긴 감자 칩이 놓여 있었다. 박사님이 달구어진 불판에 두툼한 고기를 올렸다. 고기 굽는 냄새가 퍼졌다. 형수가 벌써 입맛을 다셨다. 몇 시간을 걸어 다닌 터라 허기지기는 나도 마찬가지였다.

설리가 포크와 나이프를 챙겨 식탁에 놓았다.

"설리야, 이리 줘. 내가 할게."

형수가 설리를 도와 함께 음식을 차렸다. 물론 음식을 식탁에
놓으며 감자 칩을 몇 개 집어 먹는 일도 잊지 않았다. 형수는 그
어느 때보다 기분이 좋아 보였다.

드디어 박사님이 반쯤 익힌 고기를 접시에 담아 가지고 왔다.
형수는 박수까지 치며 환호했다.

"신나셨어, 아주!"

내가 형수를 쳐다보며 말하자, 형수가 당연하다는 표정으로
말했다.

"고기를 보고 신나지 않을 수가 있나!"

형수는 빠른 손놀림으로 고기를 썰어 한 점을 입에 넣고는 이
어서 말했다.

"그리고 오늘 같이 가니까 재밌더라. 설리 너도 재밌었지?"

설리는 이미 코스프레 하는 사람들과 찍은 사진을 박사님에
게 자랑하느라 여념이 없었다.

"그럼, 정말 재미있었어."

설리는 박사님에게 사진을 자랑하다 말고 말했다. 박사님도
형수에게 말했다.

"형수가 굉장한 취미를 가지고 있었구나!"

"굉장하긴요. 일본 소설이랑 애니메이션을 좋아하는 것뿐인데
요, 뭘. 그냥 노는 거예요, 헤헤."

형수는 부끄러운 듯 접시에 코를 박고 열심히 고기를 잘라

댔다.

"로맨스 소설 말하는 거냐?"

내가 장난스럽게 물었다.

"로맨스 소설이 아니고 라이트 노벨이라니까!"

형수가 발끈했다.

"라이트 노벨이 뭔데?"

사진 자랑을 마친 설리가 물었다.

"소설인데, 주로는 일본에서 젊은 층을 대상으로 나온 만화 같은 소설들을 말해. 그중에서도 나는 모험 활극이나 학원물을 주로 보고, 애니메이션도 좋아해. 라이트 노벨이 애니메이션으로 만들어지기도 하거든."

"잉여 군이 좋아한다는 그 라이트 노벨?"

"응. 뭐, 나도 라이트 노벨 덕후지만 학교에서는 티를 잘 안 내."

형수가 기어들어 가는 목소리로 말했다. 그러자 박사님이 형수를 바라보며 입을 열었다.

"덕후라면 자신의 취미 생활에 아주 열중한다는 거잖아. 소설에 몰두하는 것만이 아니라, 자신이 소설이나 만화의 캐릭터로 분장하는 코스프레나 주인공의 피규어를 직접 만드는 일은 굉장한 집중력이 필요한 일들이지. 그저 재미로 시작한 일인데 하다 보면 아주 멋진 결과를 만들어 내기도 해. 때로 사람들이 쓸모없다고 구박하는 놀이가 새로운 문화를 만들어 내는 거야. 그리고 취미 생활이나 놀이에 집중한다는 것, 이것은 동물과는 다른 인간만의 특징이란다. 『호모 루덴스』를 쓴 하위징아라는 역사학자는 인간의 찬란한 문화가 놀이 정신에서 비롯한 것임을 보여 주기도 했어."

형수는 박사님의 이야기를 여느 때보다 진지한 표정으로 들었다. 그리고 갑자기 고해 성사라도 하듯이 말했다.

"사실 잉여 군의 고민은 제 고민이기도 해요."

형수는 그렇게 말하고는 멋쩍게 웃었다. 그런 형수 얼굴을 보고 있자니, 괜히 미안한 마음이 들었다. 제일 친하다면서 녀석이 뭘 좋아하는지, 뭘 잘하는지, 어떤 고민을 하는지 그동안 무관심했다는 생각이 들었다.

"그럼 형수가 이번에 답장을 써 보는 건 어때?"

설리는 솔깃한 제안이라도 하는 것처럼 기대감에 가득 차서 물었다.

"상담을? 하면 좋겠지만 잘못 걸렸다간……."

형수는 난처한 표정을 지었다. 그렇지만 잉여 군의 고민 편지가 온 뒤부터 형수가 상담 일에 관대해진 건 분명했다. 나는 주춤거리는 형수를 부추겼다.

"숨지 않고 당당하게 할 수 있는 방법을 찾아보면 되잖아."

"숨지 않고 당당하게?"

설리가 또랑또랑한 눈으로 나를 바라보았다.

"어떻게?"

형수도 눈을 반짝이며 물었다.

"찾아봐야지, 방법은!"

나는 벌써 방법을 찾기라도 한 듯이 자신 있는 투로 말했다.

"오늘 진짜 재밌지 않았냐? 형수가 좋아하고 잘하는 것도 볼 수 있었고. 형수 아니었으면 난 그런 걸 전혀 접해 보지도 못했을 거야. 그래서 든 생각인데 말야, 우리 상담도 하고, 영화도 같이 찍고, 전시회도 같이 가고, 같이 노는 게 목적인 동아리를 만들어 보면 어떨까?"

그러고는 형수와 설리를 번갈아 보았다.

"이름하여 취미 나눔 동아리!"

"오! 재밌겠는데?"

설리가 엄지손가락을 추켜세우며 나를 바라보았다. 형수는 감동이라도 받은 표정으로 나를 바라보았다.

집에 돌아가는 길에, 영화 제작 동아리를 만들 거라는 최동진 선생님의 말이 떠올랐다. 영화 제작 동아리를 만들 수 있다면, 다른 동아리도 만들 수 있을 거라는 생각이 들었다. 방법은 찾아봐야겠지만.

형수는 집에 가서 신나게 답장을 썼다. 정말이지 형수다운 답장이 아닐 수 없다. 정식 동아리만 된다면, 이 답장은 주인을 찾아갈 수 있을 것이다. 학생 주임 눈치를 안 보고 말이다.

형수가 쓴 글은 아래와 같았다.

잉여 군, 안녕?

나도 사실은 너와 같은 라이트 노벨 덕후다.

동지를 만나다니 무척이나 반갑다. 너는 어떤 책들을 좋아할지 무척이나 궁금하네. 나의 인생 최고의 책은 '스즈미야 하루히' 시리즈이고, 요새는 『역시 내 청춘 러브 코메디는 잘못됐다』를 읽고 있어. 그 밖에도 여러 가지. 코스어는 아니지만 서울 코믹월드에 매번 출근 도장도 찍고 있지.

어쨌건 동지가 있어서 기쁘다. 남들이 보기엔 한낱 쓸모없는 일일지도 모르지만, 뭐 어떠냐? 우리가 재미있으면 됐지. 나쁜 짓 하는 것도 아니잖아! 그리고 놀이를 연구하는 박사님이 그러시는데, 때로 사람들한테 쓸모없는 짓이라고 구박받는 취미 활동이나 놀이가 알고 보면 인간의 문화를 풍성하게 만들어 가는 거래. 우리 자부심을 갖자!

그리고 나는 요새 밤마다 라이트 노벨을 조금씩 쓰고 있다. '창작의 고통이란 이런 것 아니겠어?' 이런 생각을 하면서. 힘들지만 재미있다! 이러다 언젠가는 작가가 될지도 모르는 일 아니니? 뭐, 안 돼도 그만이고. 그냥 재밌어서 하는 일이니까!

혹시 동지가 필요하면 연락해라. 덕담을 함께 나눌 수 있는 덕후 친구가 생기면 그 또한 즐거울 것 같다. 그럼 이만.

돈 놀음에 빠진 놀이를 구하라

"와, 대박! 너 그거 봤어?"

월요일 아침, 교실은 여느 때처럼 소란스러웠다. 이번에는 학생들 사이에 SNS를 통해 퍼져 나가는 그림이 화제였다.

"명수야, 그림 봤어?"

내가 관심을 안 보이자 정식이가 한 번 더 물었다.

"아니, 관심 없다!"

"진짜 재밌는데. 장난 아니야. 애들이 그림 저격수라 부르고 난리야."

아무리 재미있는 뉴스일지언정 지금 내 관심을 끌기는 어려울 것이다. 나는 지금 동아리 창설을 준비하고 있으니까. 암, 그렇고말고!

"뭐가 이렇게 소란스럽냐!"

학생 주임이 아침 조회를 하러 교실에 왔다. 정식이도 후다닥 자기 자리로 돌아갔다. 학생 주임은 심기가 불편한 표정이었다. 이럴 때는 몸을 사리는 게 상책이다. 교실 기강을 잡는답시고 또 나부터 불러 훈계를 늘어놓을 수도 있을 테니 말이다. '최대한 허리를 꼿꼿이, 꼿꼿이. 정자세로 모범생 코스프레!' 하고 생각하는 순간, 학생 주임과 눈이 마주쳤다. 학생 주임은 잠시 나를 바라보더니 금세 다른 곳으로 시선을 돌렸다.

'모범생 코스프레에 넘어간 게 분명해.'

나는 속으로 생각했다. 괜히 기분이 다 좋았다.

점심시간이 되자 최동진 선생님을 만나러 교무실로 갔다. 이제 동아리 만드는 방법을 찾아야 할 시간이다.

"저, 선생님, 그 동아리 말인데요!"

"어, 그래. 생각해 봤니?"

"사실 저도 동아리를 만들고 싶어요. 꼭 영화만 만드는 동아리는 아니고요, 상담도 하고 취미 생활도 같이 하는 그런 동아리요. 물론 영화도 같이 찍고요……."

나는 그간의 일을 선생님에게 털어놓았다.

"그래서 우정 때문에 동아리를 만들겠다?"

내 이야기가 끝나자 선생님이 물었다.

"에이, 제가 설마 김형수 때문에……. 물론 그런 것도 있지만요. 상담하는 것도 재밌고, 뿌듯하기도 하고 그랬거든요. 눈치 안 보고 당당하게 해 보고 싶어요. 영화도 만들어서 가을 축제 때 상영하고 싶고요. 취미 나눔 동아리를 하면 동아리 친구들이랑 같이 영화도 만들 수 있잖아요."

"듣고 보니 좋은 생각 같구나."

선생님의 반응을 보니 어쩌면 이번에는 일이 잘 풀릴지도 모르겠다는 생각이 들었다.

"그래, 영화는 어떤 걸 찍을지 생각해 봤어?"

"아직 생각 중이에요."

"명수랑 친구들이 요새 가장 고민이 되거나 관심이 많은 걸 주제로 찍어 보면 좋을 거야. 저번 수업 때 봤던 〈잉여들의 히치하이킹〉 같은 영화는 다큐멘터리잖아. 장르도 한번 고민해 보면 좋을 거고."

"다큐멘터리요?"

"극영화일 수도 있고, 다큐멘터리일 수도 있고, 애니메이션일 수도 있고! 어떤 장르를 선택할지는 감독의 재량이겠지."

감독의 재량? 감독이라고 하니 왠지 내가 대단해지는 기분이 들었다.

"그럼 동아리 만드는 건 선생님이 도와주실 거예요?"

"지도 교사가 있으면 학생들이 자율적으로 동아리 신청을 할 수 있어. 어디 보자."

선생님이 컴퓨터 화면을 보면서 파일을 찾더니 종이를 한 장 출력했다. 그리고 그 종이를 나에게 내밀었다. 거기에는 '동아리 등록 신청서'라고 쓰여 있었다.

"일단 이 양식에 맞춰서 동아리 소개를 써 봐. 그러고 나서 다시 얘기해 보자."

나는 얼른 신청서를 받아 들었다.

"정식으로 신입 부원을 모집하기 전에 학생 회의에서 어떤 동아리인지 설명하는 자리가 있을 거야. 으레 하는 거니까 너무 부담 갖지는 말고. 학생 회의는 2주 뒤! 시간은 충분하겠지?"

선생님이 일어나 내 어깨에 손을 얹으며 말했다. 나에게 "하지 마라."가 아니라 "해 봐라."라고 말해 준 선생님은 처음이었다. 아침밥을 먹고 나온 날처럼 든든했다. 게다가 누군가 나에게 감독이라고 말해 준 것도 처음이었다. 정말 영화감독이 되기라도 한 것처럼 기분이 좋았다.

가벼운 발걸음으로 복도를 걷고 있을 때, 저 멀리 복도 끝에서 설리와 세종이가 함께 있는 게 보였다. 둘은 창가에 기대어 이야기를 나누고 있었다. 얼른 둘이 있는 곳으로 갔다.

"뭐 해, 둘이?"

내가 설리와 세종이를 번갈아 보며 물었다.

"안녕."

김세종이 먼저 인사를 했다.

"어, 오랜만."

잠시 어색한 침묵이 흘렀다.

"아, 맞다! 상담 편지가 또 왔어!"

설리가 말했다.

"또? 이런, 고민 홍수!"

내 반응에 세종이가 피식 웃었다. 대체 왜 웃는 거지? 지난번 일은 잊어버리기라도 했나 보다. 참 알다가도 모를 녀석이다.

"메일함에 있으니까 한번 읽어 봐. 내일 연구소에서 같이 얘기해 보자."

설리가 말했다.

연구소 이야기가 나오자 세종이는 먼저 들어간다고 하고는 자기 교실로 가 버렸다.

"최동진 선생님한테 여쭤 본다고 했지? 그건 어떻게 됐어?"

설리가 물었다.

나는 신청서를 설리 얼굴 앞에 내밀었다.

"동아리 등록 신청서?"

설리가 종이에 적혀 있는 걸 읽었다.

"응. 일단 이거 써 보래. 최동진 선생님이 지도 교사로 사인만 해 주시면 해결돼."

"와, 진짜? 이렇게 간단한 거였어?"

"그런가 봐. 학생 회의에서 신규 동아리 소개도 해야 된대."

"잘됐다! 나는 일이 잘 안 된 줄 알았어. 너 걸어오는데, 표정이 안 좋길래."

그건 방금 너희가 연출한 영 불편한 풍경 때문이었다고 말했다면, 내가 설리의 경계 대상이 되어 버렸을지도 모를 일이다. 어쨌건 나는 바로 전까지만 해도 영화에 대해 패나 진지하게 생각하던 감독이 아니었던가!

나는 사뭇 진지한 목소리로 말했다.

"영화에 대해 잠시 생각하고 있었어. 최동진 선생님은 스마트폰으로도 찍을 수 있다고 하시는데, 그래도 감독에게는 그에 걸맞은 장비가 있어야 하지 않을까?"

그때 점심시간이 끝났음을 알리는 종이 장렬히 울렸다.

"수업 시작이야. 이따 얘기해."

설리는 세종이가 사라진 방향으로 총총히 걸어갔다. 그러고 보니 세종이와 설리는 같은 반이었다. 씁쓸한 기분이 가슴 깊이 저며 왔다.

"야, 인마! 종 치는 소리 안 들리냐! 얼른얼른 교실로 안 들어가!"

화학 선생님이었다. 복도에 남은 건 나밖에 없었으니까 '야, 인마'는 나를 가리키는 말인 모양이었다. 나는 잽싸게 교실로 발걸음을 돌렸다.

상담을 부탁하는 네 번째 편지는 내 고민과도 맞닿아 있었다. 토요일에는 연구소에서 고백하는 시간을 가져야겠다. 설리가 이번에는 감독의 고뇌를 이해해 주려나?

네 번째 상담 의뢰 편지는 아래와 같았다.

보내는 사람 **머니뭐니**

제목 **놀기엔 용돈이 부족해!**

- -

용기 내서 고민 상담을 부탁할게.

사실 나는 주말에 친구들이랑 어울려서 여기저기 돌아다니면서 놀 때가 많았어. 홍대 주변 옷 가게에서 옷도 구경하고, 떡볶이도 먹으러 다니고, 화장품 가게도 구경하고 말이야. 옷이든 화장품이든 쇼핑몰을 전전하다 보면 사고 싶은 물건들이 많이 생겨. 친구들은 화장품도 이것저것 사고, 옷도 유행 따라 여러 벌 사지. 물론 나도 그러고 싶어. 집에 돌아가서 인터넷 쇼핑몰로 최저가를 확인해 보고 살까 말까를 고민하기도 하지만, 결국은 못 살 때가 많아. 돈이 있어야 말이지. 우리 부모님은 용돈을 정말 조금밖에 안 주시거든.

그러다 보니 자꾸 친구들 노는 데 빠지게 되고, 점점 애들 사이에서 소외되는 것만 같아. 자꾸 빠지다 보니까 어느 순간부터는 나한테 연락도 안 하고 자기들끼리 놀러 가더라고. 요새는 친구들이 주말에 놀았던 일들을 학교에서 이야기할 때마다 나 혼자만 모르는 이야기가 많아서 소외감이 들어.

물론 친구들과는 계속 어울리고 싶지. 그렇지만 예전처럼 애들 물건 살 때 구경만 하면서 따라다니고 싶지도 않아. 어떻게 하면 좋을까? 상담 부탁할게.

토요일 오후, 우리는 연구소에 모였다. 나는 감독의 고뇌를 설명할 참이었다.

"나, 느낀 게 참 많았어."

내가 운을 떼자 형수와 설리가 나를 바라보았다.

"들어 봐! 그러니까 머니뭐니의 편지를 읽으면서 그 고민이 내 고뇌와 얼마나 맞닿아 있는지를 뼈저리게 느꼈다는 거야!"

"그게 무슨 소리야?"

형수가 뚱한 표정으로 물었다.

"그러니까 나도 영화를 찍고 싶은데 최신 카메라를 살 돈이 없어서 이렇게 시작도 못 하고 있잖아. 그래서 동지애를 느꼈다는 뭐 그런 얘기지."

나는 감독의 고뇌 따위 알 리 없는 형수를 위해 차근차근 설명을 해 주었다.

"무슨 헛소리야. 그거 그냥 스마트폰으로 찍어도 되잖아."

형수는 주섬주섬 스마트폰을 꺼내더니 나를 향해 갖다 대며 말했다.

"지금 찍고 있어."

"뭐?"

"일단 되나 안 되나 찍어 보자고."

"감독은 난데 네가 왜 찍어."

"그럼 네가 '레디, 액션' 외쳐."

그때 설리가 외쳤다.

"레디, 액션!"

그러더니 설리는 장난스럽게 웃어 댔다. 형수가 들고 있는 스마트폰에 대고 손으로 아무리 '엑스 자'를 해 보여도 형수는 아랑곳없이, 흔들림 한 점 없는 무쇠 팔로 스마트폰을 들고 있었다.

"아, 이게 무슨……. 쪽팔린다, 쪽팔려."

김형수가 그렇게 감독에게 수치심을 안겨 주는 사이, 박사님이 잘 익은 수박을 쟁반에 들고 나왔다.

"와, 벌써 수박이에요? 여름이 오는구나, 여름이!"

형수가 신이 나서 외쳤다. 그러더니 금세 세상 다 산 노인처럼 이렇게 말했다.

"곧 기말고사가 찾아오겠지."

역시 고민을 당겨서 하는 데는 김형수를 따라올 자가 없다.

"무슨 영화를 찍을지는 생각해 봤니?"

박사님은 우리가 어떤 영화를 찍을지 궁금해했다.

"그게 아직……. 우리가 관심 있고 흥미 있는 걸 주제로 하면 될 것 같긴 한데……."

나는 말끝을 얼버무렸다.

"그게 뭔데?"

형수가 물었다.

"글쎄……."

사실 나도 잘 모르겠다.

"상담 아닌가?"

설리가 또랑또랑한 목소리로 말했다. 설리의 말을 듣고 나는 잠시 생각에 잠겼다. 상담하는 내용을 영화로 만드는 건 미처 생각해 보지 못한 일이었다. 그렇지만 일단 내 고민과도 맞닿아 있는 머니뭐니의 고민 상담 건부터 해결해야 한다. 나는 박사님에게 도움을 구했다.

"박사님, 편지 읽어 보셨어요?"

"응, 읽어 봤지. 명수는 읽어 보니 어땠니?"

"제가 요새 머니뭐니랑 비슷한 처지라 공감이 많이 됐어요. 동병상련이랄까요. 사실 카메라를 새로 사고 싶은데……."

"야, 나 지금 찍고 있잖아."

형수가 끼어들었다.

"지금 저 녀석이 감독의 권위를 짓밟고 있다니까요! 야, 김형수! 그럼 너라면 머니뭐니한테 뭐라고 말해 줄 건데?"

"몰라. 그렇게 쇼핑하러 우르르 몰려다니는 게 뭐 재민지 모르겠네."

형수는 무신경하게 툭 내뱉었다.

"보시다시피 앤 생각을 별로 안 하고 살아요. 제 생각엔……
머니뭐니가 돈을 벌 수 있으면 좋을 텐데. 친구들이랑 어울리려
면 어쩔 수 없잖아요. 정말이지 돈 없으면 안 되는 세상이니까
말예요."

정말 그렇지 않은가. 돈이 없으면 할 수 있는 게 없으니까 말
이다. 젠장!

"그래, 명수 말도 맞아. 우리가 놀 수 있는 곳들을 보면 온통
돈을 내지 않고는 놀기가 힘들게 되어 있어. 우리는 모두 돈을
주고 노는 것에 익숙해져 있지. 자본주의 사회의 중요한 특성이
기도 하고 말이야."

박사님은 이번에도 자본주의 이야기를 꺼냈다. 한낱 개인의
고민인데도, 알고 보면 저 밑에 거대한 이유가 숨어 있다는 사실
이 매번 신기하게 느껴졌다. 박사님이 이어서 말했다.

"우리가 무얼 하고 노는지 생각해 보면, 더 명확하게 알 수 있
을 거야. 부모님이 주말에 뭘 하며 노시는지 생각해 봐."

"맨날 일만 하시느라 쉬실 시간이 없는데……. 그래도 아빠는
가끔 일 끝나면 호프집 가서 맥주 두어 잔 하시고요, 엄마는 뭐
딱히 노는 일이 없으신 것 같아요."

형수가 대답했다.

"우리 엄마는 친구분들이랑 영화관이나 디저트 카페 가시는
거 진짜 좋아해요."

나도 엄마를 떠올리며 말했다.

"어른들이 하는 놀이를 가만히 보면 공통점이 하나 보이지 않니?"

박사님이 물었다.

"네? 잘 모르겠어요."

내가 대답했다.

"모두 돈을 쓰면서 놀고 있잖니! 물론 너희들이라고 크게 다르지는 않을 거야. 학교 수업이 끝나면 피시방으로 달려갈 때가 많잖아. 직장인들은 일이 끝나면 저녁에 회식을 하고, 노래방에 가서 노래를 부르며 놀고. 주말에는 가족과 백화점이나 놀이공원으로 가서 놀기도 하겠지. 그런데 이 모든 것들은 돈을 써야만 할 수 있는 놀이들이지. 잘 살펴보면 놀이의 영역에도 자본주의가 아주 깊숙이 스며들어 있는 걸 알 수 있을 거야. 노는 것도 돈 내고 놀아라 하고 말이지!"

박사님은 잠시 말을 멈추었다. 그러고는 뭔가를 골똘히 생각하는 듯하다가 이내 다시 입을 열었다.

"원래 놀이는 참여자들이 스스로 만들어 가는 거였어. 이미 있는 놀이에 기존에 없던 새로운 방식을 적용해서 다르게 해 보기도 해. 예를 들어, 길거리 농구는 프로 선수들의 농구 경기와는 다른 규칙이 있지. 심지어 동네마다 길거리 농구의 규칙이 서로 달라. 이는 참여자들이 스스로 만들어 가는 놀이이기 때문에 그런 거야. 그렇게 계속 변하다 보면, 때로 새로운 놀이가 태어나기도 해. 이 놀이와 저 놀이를 섞어서 새로운 놀이를 만들기도 하고. 이렇듯 놀이는 다양하게 열려 있는 세계였어. 다양할수록 좋고 창의성을 마음껏 발휘할 수 있는 세계지. 그렇지만 오늘날 놀이는 객관식 시험 문제처럼 되어 버렸어. 놀이 산업이 제공하는 놀이 중에서 골라야 하는 처지가 된 거야. 우리는 스스로 놀이를 만들어 가는 참여자가 아니라, 돈을 쓰고 물건을 고르는 소비자가 된 거지."

"저도 객관식 시험 문제를 좋아하지 않아요."

형수가 뜬금없이 교수님의 말뜻과는 다르게 맞장구를 쳤다. 박사님은 그럼에도 형수를 보고 한 번 웃고는 다시 말을 이어 갔다.

"게다가 이제 우리는 어떤 놀이를 하든 소비부터 먼저 생각하게 된 건 아닐까 하는 생각도 든단다. 자연 속에서 여유롭게 시간을 보내고 싶어서 시작한 캠핑이었는데, 캠핑용품을 사는 데 더 열을 올리고 있기도 해. 가족과 함께 시간을 보내려고 휴양지에 갔지만, 기념품을 사려고 줄을 서는 데 시간을 다 허비해 버리기도 하고 말이야."

옆에서 듣고 있던 설리가 한마디 거들었다.

"가만 보면 한국 사람들은 노는 걸 꼭 일하듯이 하는 것 같아요. 굉장히 빨리빨리 해 버리고, 정작 즐기기보다는 인증 사진을 남기기에 바쁘고……. 어떨 때 보면 한국에는 정말 노는 사람이 있을까 하는 생각이 들기도 해요."

설리 말을 듣고 보니 그런 것도 같았다.

"듣고 보니 저도 작년에 처음 타이로 해외여행을 갔는데, 엄마가 이거 사야 한다, 저거 사야 한다 하면서 여기저기 쇼핑몰만 끌고 다니셨던 게 떠올라요."

"우아, 타이 다녀왔구나! 그럼 옆으로 누워 있다는 거대한 불

상은 봤어?"

설리가 들뜬 목소리로 물었다.

"사진은 많이 찍었는데, 뭘 봤는지는 기억이 잘 안 나."

내가 대답했다. 말을 꺼내고 보니 생각나는 것이 더 있었다.

"그때 사 온 과자가 아직도 집에 남아 있어. 물론 과자만 사온 건 아니지. 엄마가 미리 인터넷 블로그에서 쇼핑 후기를 찾아보고 목록을 짜 가셨거든. 김 과자에, 나라야 파우치에, 호랑이 파스에, 온갖 화장품에…… 트렁크가 터질 정도로 사 왔다니까!"

나는 이렇게 말하고 나서 또 생각나는 것이 있어서 한마디 더 덧붙였다.

"아, 맞다! 그 트렁크도 여행 간다고 새로 산 거였어."

잠자코 내 얘기를 듣던 설리가 박사님을 바라보았다.

"그런데 왜 그렇게 돈을 쓰면서 놀게 되는 거예요?"

"아주 흥미로운 사실을 하나 이야기해 줄게. 내가 무얼 하고 싶다는 마음이 들 때 실은 그것이 내 마음이 아닐 때도 있다는 사실!"

박사님은 흥미진진한 표정으로 우리를 돌아보며 말했다. 아니, 그렇다면 최신 카메라를 사고 싶은 것도 내 마음이 아닐 수 있단 말인가? 나는 아리송한 표정으로 박사님에게 물었다.

"내 마음이 어떻게 내 마음이 아닐 수 있어요?"

"길을 가다 보면 커다란 전광판도 있고, 지하철이나 버스 정류장 여기저기에도 광고가 붙어 있어. 유튜브 동영상 하나를 보려고 해도 광고가 나오지. 인터넷 기사를 읽을 때도 작은 배너 광고가 끝없이 따라다니고 말이야. 텔레비전에서는 이런 게 예쁘다, 저런 게 멋있다, 올해 유행은 무엇이다 하고 끝없이 말해 주지! 미디어는 광고를 통해 주사를 놓듯 사람들 머릿속에 욕망을 주입해. 그러다 보면 어느새 그것이 마치 내 욕망인 것처럼 작동하게 되는 거고. 꼭 앵무새가 사람 목소리를 따라 하는 것처럼 말이야. 얼마 전까지만 해도 관심 없던 멜빵바지를 사고 싶기도 하고, 여름방학에는 머리를 금발이나 핑크색으로 염색해야 예쁠 것 같다는 생각이 들기도 하지. 특정 브랜드의 선글라스를 꼭 사고 싶은 마음이 생기기도 하고! 유행은 그렇게 만들어지는 거야. 광고가 만든 욕망이 내 안에 들어가서 내 취향이 되고 욕망이 되어 버리는 거지. 이렇게 하는 놀이는 진정한 놀이가 아니야.”

박사님 말을 듣다 보니 머리가 핑핑 돌 것 같았다.

“무서워요. 내 마음을 잘 들여다봐야겠네요. 그런데 돈을 쓰지 않고 재미있게 놀 수 있는 방법도 있지 않나요?”

설리가 의문을 제기하더니 다시 말을 이었다.

“전에 제가 다니던 학교에는 숲도 있고, 비밀 정원도 있고, 올라가서 전경을 볼 수 있는 커다란 나무도 있었거든요. 그런 곳에서 친구들이랑 매일매일 신나게 뛰놀며 얘기를 나누었어요. 머니뭐니도 친구들이랑 그렇게 놀면 좋지 않을까요?”

“그렇지! 사실 우리가 사는 세계는 설리 말대로 놀 수 있는 것들로 가득해.”

박사님은 설리가 정답이라도 맞힌 것처럼 반색하며 이야기를 이어 갔다.

"무엇이든 놀이가 될 수 있단다. 진짜 놀이는 몇 가지 조건을 가지고 있어. 첫째, 자발적인 의사로 해야 해. 둘째, 대가와는 무관하게 그저 즐기기 위해 하는 거야. 달리 말하면, 수단과 목적이 일치해야 하지. 이 조건을 충족한다면 무엇이 됐든 놀이가 될 수 있어."

"이해가 팍 안 되는데요?"

형수가 박사님에게 말했다. 나도 머릿속이 복잡해졌다.

"그래, 형수는 학교에서 친구들과 뭘 하면서 주로 노니?"

"점심시간에는 주로 축구를 해요."

"축구는 왜 하는 건데?"

"그냥요, 재밌으니까요."

형수가 대답했다. 축구를 하는 데 무슨 이유가 있을까. 나도 형수와 같은 생각이었다. 그냥 재미있으니까 하는 거지!

"그래, 그렇다면 이런 경우를 한번 상상해 보자. 학교에 등교를 했어. 그런데 선생님이 조회 시간에 이렇게 말씀하시는 거야. 1반과 3반이 축구 시합을 한다. 9시까지 체육복을 입고 모두 운동장으로 모일 것! 경기하는 모습을 수행 평가 점수에 반영하고, 골을 넣은 수는 환산해서 성적을 매길 거다. 그러니 열심히 뛰도록!"

"갑자기 부담감이 확 몰려오는데요."

형수가 양미간을 찌푸리며 대답했다.

"그래, 이제 축구가 재미있기만 하진 않을 거야. 축구가 수단이 되고, 점수와 성적이 목표가 되어 버렸기 때문이지. 이제 축구는 놀이가 아니고 점수를 받기 위한 수단이 되어 버린 거란다. 그러니 부담감이 드는 건 당연해. 수단과 목적이 일치할 때, 그리고 그것을 우리가 강제가 아닌 자유롭게 선택해서 할 때, 우리는 즐거움과 행복을 느끼거든. 학교 공부도 마찬가지겠지? 공부 자체가 목적일 때 공부는 놀이가 될 수 있어. 하지만 시험이나 부모님의 강요 때문에 억지로 하는 공부라면 강제 노동이나 다름없을 거야."

"저도 여기 와서 중학교를 다니면서는 자꾸 의무감에 학교 공부를 하는 느낌이에요. 마음만 무겁고 공부가 재미있지가 않아요. 이게 공부를 하는 건지 뭘 하는 건지 모르겠다는 생각이 자꾸 들더라고요. 상담 준비하느라 하는 공부는 참 재미있는데. 이상하죠?"

설리가 말했다.

나는 속으로 '그래서 중간고사 성적이 그 모양이었던 건가?'라고 생각했다. 물론 나도 설리와 다를 게 없지만 말이다. 학교 시험 공부하기를 싫어하고, 중간고사 성적도 엉망인 점에서 설리와 나는 똑 닮았다. 상담을 좋아하는 것까지도.

나는 박사님을 바라보면서 물었다.

"그러면 상담도 놀이였던 셈인가요?"

"상담을 하면서 어떤 감정을 느꼈는지 떠올려 보면 알 수 있을 거야."

처음에는 카메라를 얻으려고 시작하긴 했지만, 점점 재미에 빠져들어 누가 시킨 것도 아닌데 여기까지 오게 되었다. 내가 지난 일들을 돌아보고 있을 때 설리가 내게 물었다.

"명수야, 그런데 너는 왜 굳이 새 카메라를 사려고 하는 거야?"

"그래도 제대로 된 카메라가 있어야 진짜 감독이 된 것 같은 기분도 날 것이고……."

박사님 이야기를 듣고 나니 카메라가 나에게 무슨 의미인지 헷갈리기 시작해서 말을 마무리할 수 없었다.

"그런데 스마트폰으로도 충분히 찍을 수 있지 않을까?"

설리가 말했다.

"그래서 내가 지금 이렇게 찍고 있는 거 아니겠냐?"

형수가 맞장구를 쳤다.

"그러니까 너희들 말은 내가 지금 그 뭐냐…… 그러니까 거짓 욕망에 빠져 있다는 거냐?"

형수와 설리는 키득거리며 고개를 끄덕였다. 이로써 감독의 명예가 땅으로 떨어졌다.

박사님의 권유로 이번 답장은 내가 쓰기로 했다. 나는 집에 돌아오자마자 책상으로 가서 컴퓨터를 켜고 곧바로 답장을 써 내려갔다.

안녕? 우리는 놀이 연구소의 연구원들이야!

네 고민은 그러니까 친구들과 노는 데 자꾸 돈이 든다, 이거 지? 네 말에 나도 깊이 공감한다! 나 또한 정말 너랑 비슷한 고민을 했거든. 난 영화를 찍고 싶었는데, 일단은 카메라부터 살 생각을 했어. 근데 돈이 없네!

아니, 왜 노는 데도 돈이 이렇게나 드는 거냐고. 새로 나온 스마트폰을 사려고 해도 돈이 들고. 하다못해 영화 한 편을 보려고 해도, 게임 한판 하러 피시방에 가려고 해도 모두 돈 없으면 안 되잖아. 재미있는 일들은 온통 돈을 쓰면서만 할 수 있는 게 아닐까 하는 생각이 들 정도라니까! 모두 '돈을 내!'라고 외치는 것만 같아.

그런데 그건 무엇이든 돈으로 사고팔려고 하는 자본주의 사회에서 일어나는 현상이래. 심지어 노는 것마저도 돈을 주고 사게 만들어 버린 거지.

게다가 무엇을 하든 소비와 연결 지어 생각하는 습관도 들어 버렸어. 나도 카메라를 새로 사지 않으면 영화를 찍을 수 없을 거라고 생각했거든. 그냥 평소에 쓰는 스마트폰으로도 충분히 영화를 찍을 수 있는데 말이야.

네가 신상 화장품을 사고 유행하는 옷을 사면서 놀고 싶은 것은 어쩌면 광고 때문에 생겨난 거짓 욕망일 수도 있어. 말하자면, 놀이 산업이 만들어 놓은 선택지에 네가 표시를 하고 있다는 의미야. 그런 선택지에서 벗어나 세상을 보면 무엇이든 놀이가 될 수 있어.

잘 생각해 보면, 정말 가까운 곳에 아주 멋진 놀이가 있는 걸 발견하게 될 거야. 파이팅!

다 쓴 후에 침대에 벌렁 누웠다.

글로 쓰다 보니, 내 생각도 정리되는 느낌이 들었다. 카메라 살 생각을 하기 전에 어떤 영화를 찍고 싶은지가 더 중요하다는 것! 그리고 설리 말처럼, 나는 상담을 하면서 분명 재미를 느꼈다. 친구들과 뭔가를 같이 하는 것도 좋았다. 우리가 상담을 하고 동아리를 만드는 일, 그것이 지금 나에게 가장 고민되고, 동시에 가장 즐거운 일이다. 그렇다면 이걸 영화로 만들 수 있을까? 우리의 이야기가 영화가 된다면? 당연히 멋질 거다!

무엇을 찍을지 생각이 정리되니까 어서 친구들에게 알려야겠다는 생각이 들었다.

7

놀이가 우리를 자유롭게 하리라

드디어 학생과에 동아리 등록 신청서를 제출했다!

우리는 최동진 선생님에게 인사를 드리러 갔다. 선생님은 박사님이 전에 해 왔던 것처럼 앞으로도 종종 자문을 해 주시면 좋겠다고 말했다. 그건 우리도 바라는 것이었다. 이제 학생 회의에서 동아리 소개를 하는 일만 남았다.

우리 셋은 기분 좋게 나란히 교문을 나섰다. 웬일인지 일이 술술 풀리는 기분이었다. 그리고 마침내 다섯 번째 고민 상담 메일이 도착했다. 집에 가는 길에 형수가 편지를 읽어 내려갔다.

"짝사랑 사연이군. 캐리커처는 박명수도 잘 그리는데. 1학년 때 학생 주임 그렸다가 딱 걸렸잖아!"

형수는 신나는 일이 생긴 것처럼 흥분했다. 그렇지만 나는 웬

일인지 불길한 예감이 들었다.

편지의 내용은 이랬다.

유유

이런 것도 놀이일까?

- -

이런 고민을 여기서 이야기해도 되려나? 그래도 이야기해 볼게.

최근에 나는 좋아하는 아이가 생겼어. 쉬는 시간에 보면 귀에 이어폰을 끼고 조용히 음악을 듣는, 말수가 별로 없는 아이야. 왠지 그런 모습이 다른 남자애들이랑 달라 보이기도 하고, 어른스러워 보이기도 해서 좋았어.

그 아이랑 나는 같은 동아리야. 나는 그 애랑 친해지려고 일부러 장난도 걸고 말도 걸고 그래 왔어. 그리고 조금은 가까워진 것도 같았어. 그러다 그 친구가 쉬는 시간에 잠시 연습실에 두고 간 스마트폰을 어쩌다 보게 됐어. 마침 사진첩이 열려 있어서 그만…… 그 애가 찍어 둔 사진을 보게 된 거야. 정말 본의 아니게 말이야. 직접 그린 만화들이었어. 캐리커처라고 하지? 인물을 과장되게 그린 그림들이었어.

그런데 문제는 그 사람들이 동아리 사람들이었던 거야. 나랑 가장 친한 친구도 거기에 포함되어 있었어. 당사자가 직접 봤다면, 길길이 날뛸 만한 그런 그림들이었어. 의도적으로 조롱하려고 그린 그림들로 보였어.

> 우수에 젖은 말없는 소년일 거란 내 환상이 산산조각 나고
> 말았어. 처음엔 그 아이를 이해하려고 해 봤지만 도무지 이해
> 가 안 돼. 어떻게 하면 좋을지 모르겠어. 혹시 좋은 생각이 있
> 다면 알려 줘.

상담 부탁을 받고 나도 고민에 빠졌다. 형수 말대로 작년에
학생 주임을 그렸던 게 떠올라서다. 말마따나 "그냥 재미로 그린
거겠지."라고 대신 변호라도 해 주고 싶은 심정이었다. 욕을 해
주자니 나를 욕하는 것 같고, 그렇다고 옹호하자니 내가 나쁜 놈
이 되는 것 같고, 뭐 그런 기분이었다.

"야, 너 봤냐?"

정식이가 아침부터 뉴스를 전하려는 모양이었다.

"그림 저격수가 우리 학교 학생들을 우스꽝스럽게 그려서 또
페이스북에 잔뜩 올렸대. 보여 줄까?"

정식이는 이미 스마트폰으로 페이스북을 열고 있었다. 지난주
에도 그림 때문에 정식이가 호들갑을 떨던 일이 떠올랐다. 대부
분 1·2학년 학생들을 그린 것이라고 했다. 내가 아는 학생으로
보이는 그림도 있었고, 고보람을 아는 사람이라면 누구든 고보
람을 떠올릴 만한 그림도 있었다. 쇠똥머리를 한 고릴라였는데,
입술과 눈매, 얼굴 표정까지 특징을 과장되고 우스꽝스럽게 그
린 그림이었다. 고보람이 봤다면 난리가 났을 거다. 모든 그림들
에는 이런 문구가 함께 있었다.

'꿀잼'이면 '좋아요'를!

이미 '좋아요'를 누른 사람들이 제법 됐다. 그럼 저격수? 이 녀석은 재미있어서 이런 걸 그려서 올린 걸까? '좋아요'를 받으려고? 그림을 찬찬히 보고 있자니 떠오르는 게 있었다. 바로 새로 들어온 상담 편지였다. 해결사의 직감으로 문제가 꼬여 가고 있음을 느꼈다.

불길한 예감은 어떻게든 현실이 되고 마는 걸까? 학생 주임이 나를 호출했다. 부랴부랴 학생 지도부실에 들어가니 공기가 무겁게 느껴졌다. 나를 기다리는 학생 주임이 보였다.

"SNS를 통해 너희 사이에 돌아다니는 그림이 있다면서? 어떤 학부모가 자신의 자녀가 인격 모독을 당했다면서 항의 전화를 했다. 캐리커처의 대상이 된 몇몇 학생이 나를 찾아오기도 했고. 기분 나쁜 그림을 그린 녀석을 찾아서 혼내 달라고. 그 녀석 별명이 그림 저격수라며?"

학생 주임이 나를 떠보듯이 물었다.

"그렇게 부르나 봐요. 그런데 왜 저한테……."

"네가 작년에 내 캐리커처를 그렸던 게 떠오르더라, 명수야."

그러니까 이번에도 내가 첫 번째 용의 선상에 오른 모양이다.

"선생님, 이번에는 저 아니에요."

"누가 너더러 그렸다고 했니?"

학생 주임은 범죄자의 심중을 꿰뚫어보기라도 하겠다는 표정으로 내 눈을 빤히 쳐다보았다.

"그리고 너 말이야, 무슨 동아리를 만들려고 한다며? 담임한테 상의 한번 안 하고?"

'그랬다간 시작도 못 했을 텐데요!'라고 말하고는 싶었지만, 나는 그저 최대한 공손한 표정으로 이렇게 말할 수밖에 없었다.

"죄송합니다."

"아무튼 하라는 공부는 안 하고 하지 말라는 건 잘도 하는구나. 학교 운영 위원회에서 신설 동아리를 두고 학생들이 지나치게 노는 걸 조성하는 게 아니냐는 의견이 있었다. 내가 이 문제를 네 부모님이랑 한 번 상의해 볼까 생각 중이거든. 그리고 만약에 말이다. 그림 저격수가 너라면, 너희가 모여서 무슨 취미 활동을 할지도 모르는데 그 동아리를 하라고 할 수만은 없겠지?"

학생 주임이 나를 빤히 보며 말했다. 나는 절대 그림 저격수가 아니라고 말했고, 학생 주임은 알겠다고 했다. 이러다 부모님 면담을 하게 될지도 모른다고 생각하니 불안했다. 지뢰는 이렇게 예상치 못하는 곳에서 터지는 모양이다.

영화 감상반 수업을 들으러 터덜터덜 걸어갔다. 오늘의 영화는 〈스윙 재즈〉였다. 스윙 음악(흔들거리는 듯한 리듬감이 특징적인 재즈 음악)에 맞춰 춤을 추는 것을 좋아하는 네 명의 10대 소년들의 이야기였다. 넷이 춤을 추며 노는 장면에서는 초등학교 시절, 형수랑 세종이랑 셋이 어울리던 일이 떠오르기도 했다. 영화는 나치스 시대가 배경이었고, 왜인지는 모르겠지만 춤추는 걸 금지했다. 나는 중학생이고, 학생 주임은 왜인지는 모르겠지만 내가 하려는 건 다 금지하려 한다. 영화 속 주인공은 아버지가 유태인을 돕다가 나치스에게 죽음을 당한 걸 알게 되고, 결의에 찬 모습으로 무도장을 찾는다. 세상이 부당하게 금지하는 것에 춤으로 저항했다. 나는 감독으로서 명예를 지키고 친구들과의 우정을 위해 학생 회의장을 찾아야만 할 거다. 동아리를 하게해 달라! 동아리 만세, 만만세!

수업이 끝난 뒤, 최동진 선생님을 찾아갔다.

"선생님, 담임 선생님이 다 아셨어요."

선생님이 나를 물끄러미 바라보았다.

"동아리 등록한 거요."

"인석아, 그럼 동아리는 어디 딴 학교에 가서 할 생각이었냐?"

선생님이 말했다. 그랬다. 담임 선생님이 알게 되는 건 당연한수순이었던 거다.

"한 번은 부딪쳐야지. 걱정하지 말고 발표 준비나 잘해. 박두석 선생님도 그렇게 꽉 막히신 분은 아니니까."

꽉 막히신 분이 아니라고? 그때 교무실 창밖으로 형수와 설리가 걸어가는 게 보였다.

"박명수, 어딜 그렇게 보니?"

"아, 아니에요."

"학생 회의 며칠 안 남았으니까 준비 잘하고!"

"네, 그럴게요."

든든한 지원군이 생기니 학생 주임 선생님의 꾸지람도 예전만큼 무섭지 않았다. 나는 얼른 교무실을 나와 1층으로 내려갔다.

1층 현관에서 형수와 설리가 기다리고 있었다. 우리는 함께연구소로 향했다.

형수가 휘파람을 불더니 말했다.

"나, 상담 편지 보냈다. 답장은 아직 없네."

"벌써 보냈어?"

내가 물었다.

"응. 동아리 만들 거니까 빨리빨리 보내야지. 잉여 군이 얼마나 기다리겠냐? 아, 그나저나 유유 님이 걱정이네."

형수가 이번에는 고민 상담을 부탁한 유유의 이야기를 꺼냈다.

"아니 왜 유유 편지에 나온 녀석은 그런 그림을 그려 가지고 여자 친구가 생길 수 있는 절호의 기회를 날려 버린 걸까? 박명수 씨는 어떻게 생각하십니까?"

김형수는 남의 속도 모르고 장난에 시동을 걸었다.

"야, 내가 그렸던 건 풍자라는 거야. 너도 재밌어했잖아! 웃겨 죽으려고 했던 게 누군데. 그렇게 기분 나쁠 만한 것도 아니었다고. 그러니까 학생 주임도 그냥 넘어갔던 거지."

내가 형수를 흘겨보자, 설리가 말했다.

"그림 저격수의 그림이 부당하게 당한 일을 비꼬거나 권력자를 풍자한 것이었다면, 명수 그림을 보고 형수가 재미있어했던 것처럼 함께 즐겼을 거라는 생각이 들어. 그런데 그 남자아이는 주변 친구들을 모두 조롱거리로 만들려고 그린 셈이니까 유유도 당황했던 거겠지."

"설리처럼 똑똑해 봐라, 김형수."

나는 설리가 왠지 나를 두둔해 주는 것 같아 기분이 조금 나아졌다. 형수는 입을 삐죽거렸다.

연구소에 도착한 우리는 박사님을 한 시간쯤 기다렸다. 학부모 독서 모임에 다녀오느라 조금 늦는다고 했다.

박사님이 오고 상담에 대한 이야기가 시작되자, 설리는 고민 상담 편지에 등장한 남자아이에 관해 제일 먼저 질문했다.

"유유 편지에 나오는 남자아이 있잖아요, 대체 왜 그런 그림을 그리는 걸까요?"

"놀고 싶은 본능이 때로는 이상한 방식으로 나타날 때가 있어. 친구나 주변에 있는 약한 사람들을 괴롭히면서 거기에서 즐거움을 찾는 식으로 말이야. 인터넷에도 보면 누군가를 조롱거리로 삼고 재미있다고 떠들어 대는 사람들이 익명을 악용해 언어 폭력을 휘두르는 걸 볼 수 있지."

인터넷에서 모임을 만들어 자기들의 놀이터라고 부르면서 그런 일을 하는 사람들이 있다는 건 나도 알고 있었다.

"사람들은 살기 힘들 때 그런 구렁에 쉽게 빠지는 경향이 있단다. 가령 옛날 정치가 어지러운 때의 한 마을이라고 해 보자. 악덕한 지주가 자기 비위를 조금만 거슬렀다 싶으면 일을 주지 않는 거야. 일할 사람은 널려 있으니 말을 듣지 않으면 쫓아낼 거라고 사람들에게 윽박지르기도 했어. 그리고 일한 사람들에게 수확물도 아주 조금밖에 주지 않고 자기 창고에만 쌓아 뒀지. 마을 사람들은 당연히 살기가 힘들어졌을 거야. 그때 어떤 사람이 화풀이로 동네에서 가장 힘없는 사람에게 욕을 하고 장난삼아 돌을 던지기도 했어. 그것을 본 몇몇 사람들이 덩달아 같은 짓을 했지. 더 나아가 그들 중 누군가는 그 사람 때문에 우리가 힘든 거라며 그 사람이 괴롭힘을 당할 만한 짓을 했다고 합리화하기도 했어."

박사님 말을 듣다 보니, 왠지 학교에서 종종 벌어지곤 하는 왕따가 떠올랐다. 우리는 답답한 학교 교실에서 스트레스를 많이 받을 수밖에 없는데, 누군가 약한 사람을 정해 괴롭히면서 그런 스트레스를 풀고 즐거워하는 게 아닌가 하는 생각이 들었다. 박사님의 말이 계속 이어졌다.

"그렇지만 그런다고 자신의 힘든 상황이 달라지진 않겠지. 자신을 괴롭히는 지주는 그대로일 테니 말이야. 그런 상황에서 장터를 돌아다니며 공연을 하는 남사당패가 지주를 풍자하는 놀이를 벌였어. 풍자는 권력에 저항하는 일종의 놀이였던 셈이지. 그림일 때도 있었고, 어릿광대의 놀이일 때도 있었어. 풍자는 고발이기도 했거든. 또 한바탕 배꼽을 잡고 웃으면서 위로를 삼을 수도 있었단다."

"저도 작년에 학생 주임을 그렸던 거지, 반에서 약한 친구들을 놀리는 그림을 그리진 않았어요. 제가 또 정의감 하나는 투철하니까!"

나는 확실히 못을 박아 말했다.

"박명수, 너의 심오한 뜻을 이제야 이해했다."

형수가 장난스러운 표정을 지었다.

"그런데 왜 약한 사람들을 괴롭히고 놀리는 걸까요?"

설리가 진지한 표정으로 물었다.

"하위징아는 놀이 정신의 중요성을 강조한 학자였어. 놀이는 인간의 역사에서 늘 있었고, 문화가 만들어지는 원천이야. 그런데 사람들을 놀지 못하게 하면 엉뚱한 일들이 생겨. 하위징아가 살던 때에 바로 그런 일이 벌어지고 있었단다. 그가 살던 때는 나치스의 시대였어. 나치스의 친위대는 완장을 차고 집단으로 몰려다니면서 약한 사람들에게 폭력을 가했어. 하위징아는 그들이 일종의 나쁜 놀이를 하고 있다고 생각했단다."

영화 〈스윙 재즈〉에서 나치스 친위대가 길거리에서 만난 장애인을 괴롭히고 때리던 장면이 떠올랐다.

"그런 나쁜 놀이는 왜 생겨난 거죠?"

이번에는 내가 물었다.

"근대가 시작되면서 사람들은 노동을 중요하게 여겼어. 사람들에게 더 빨리 더 많이 노동하라고 부추겼지. 끝없는 성장과 최대한의 효율을 추구했고, 사람들은 기계처럼 착착 일을 해내야 했어. 이를 위해서는 다양한 생각을 하는 사람들보다 똑같이 행동하는 사람들이 필요했지. 이러한 노동의 세계는 놀이의 세계와는 많이 달라. 놀이에서는 다양성과 창의성이 소중한 가치야. 이런저런 서로 다른 상상을 할 수 없다면 재미도 없을 거야. 그렇지만 모든 사람이 기계처럼 지루한 노동을 되풀이하는 사회가 되어 가면서 다양성과 창의성의 가치는 점점 훼손되었어. 노동의 세계가 중요시하는 효율성과 획일화가 지배하는 사회가 되었지. 그러자 나치스와 같은 조직이 생겨났던 거야. 나치스는 다양한 삶의 가치를 인정하지 않았고, 오직 자신들 게르만 민족만이 우월하다고 생각했어. 다른 민족을 억압했을 뿐만 아니라, 성 정체성이 다르거나 장애가 있는 사람들을 괴롭히고 심지어 지구상에서 없애 버리려고 했지. 하위징아는 놀이를 억누르고 노동만을 중시하는 세상이 되어서, 나치스라는 왜곡된 놀이가 생겨난 거라고 생각했어."

우리는 모두 박사님이 하는 말에 집중하고 있었다.

"아주 끔찍한 왕따 놀이를 한 거네요? 독일 사람들은 모두 나치스에 동의했던 거예요?"

설리가 얼굴을 찡그리며 물었다.

"동의하는 사람도 있었고, 나쁜 줄은 알지만 모르는 척하는 사람들도 있었지. 목숨이 걸린 문제이기도 했으니까. 그렇지만 적극적으로 반대하는 사람들도 있었어. 나치스 시절에 독일에서는 히틀러와 나치스에 반대하는 10대들의 모임도 생겨났단다. 스윙 청소년들은 나치스가 금지하는 스윙 재즈 음악을 들으며 파티를 열었어. 유태인을 동아리에 받아들였고, 벨기에나 네덜란드에서 온 외국 밴드에 환호했지. 나치스에겐 이 모든 게 위협으로 다가왔겠지? 독일 정치 경찰이 쓴 보고서를 보면 스윙 청소년들이 보여 주는 삶의 즐거움이 나치스 조직 젊은이들의 마음을 끌 정도로 쉽게 전파된다는 내용도 있거든. 결국 스윙 청소년들은 삶의 즐거움을 주는 놀이를 적극적으로 찾으며 나치스의 질서를 흩뜨리고 억압에 맞선 거야."

나는 〈스윙 재즈〉에서 봤던 영화 장면이 떠올랐다. 박사님은 나치스에 저항한 청소년들에 대해 설명을 계속했다.

"에델바이스 해적단, 모이텐 등 저항 운동을 하는 청소년 모임도 있었어. 이 아이들은 열두서너 명씩 패를 지어 만나서는 건물 벽에 구호를 써 넣기도 하고, 노래를 만들어 부르기도 했어. 때로는 캠프파이어를 하거나 시골과 바다, 숲으로 도보 여행을 떠났는데, 이웃에 사는 친구들 중 히틀러 청년단 단원인 아이들을 초대하기도 했단다. 이렇게 초대받은 아이들은 해적단 아이들을 보고 생각을 바꾸는 경우가 많았대. 나치스가 하위징아의 말처럼 나쁜 놀이를 했던 거라면, 이 10대들이야말로 진짜 놀이를 하며 저항했던 거야."

박사님은 당시 독일에서 우리 같은 10대들이 얼마나 멋지고 용감했는지 이야기해 주었다. 그렇다면 그림 저격수는 나쁜 놀이를 했다고 할 수 있을까? 유유에게 뭐라고 얘기해 줄 수 있을까? 박사님의 이야기를 들었지만, 여전히 쉽지만은 않았다.

집에 가니 엄마가 나를 기다리고 있었다.

"명수, 이제 오니?"

"네, 다녀왔습니다."

분위기가 심상치 않았다. 이럴 땐 일단 조용히 자리를 피하는 게 상책이었다. 재빨리 내 방으로 발걸음을 옮기려는데, 등 뒤에서 엄마 목소리가 들려왔다.

"명수야, 잠깐 얘기 좀 할까?"

내가 조심스레 엄마를 돌아보았다.

"오늘 엄마가 학교에 다녀왔어."

"무슨 일 때문에?"

"오랜만에 학부모 모임에 갔는데, 엄마들이 다 알고 있더라. 네가 동아리 만드는 거."

"아, 그거?"

나는 엄마의 눈치를 살피며 별일 아닌 것처럼 말했다.

"그거 꼭 해야겠어? 담임 선생님도 걱정하시던데⋯⋯."

"담임? 담임이 무슨 내 걱정을 한다고."

"공부하기도 부족한 시간에 왜 그걸 하겠다는 건데?"

"재미도 있고 내가 좋아하는 일이기도 하고……."

나는 말끝을 흐렸다. 뭐라고 말해도 엄마가 이해해 줄 것 같지 않았다.

"어떻게 하고 싶은 걸 다 하고 사니? 그래 가지고 시험 성적이 잘 나오겠어? 4년제 대학에나 들어가겠냐고."

"대학에 가면? 그다음은? 대학만 가면 모든 일이 저절로 풀리나?"

"너 지금 그걸 말이라고 해? 엄마가 다 너 잘되라고 그러는 거지, 남들 하는 것만큼은 하고 살아야 할 것 아니야."

"남들이 어떻게 살든 그게 나랑 무슨 상관인데. 아빠도 나 하고 싶은 거 하면서 살라고 했어. 안 그러면 나중에 후회하면서 살게 된다고."

"네가 하고 싶은 일 하라는 건 어른이 돼서 그러라는 얘기야. 아직은 너 겨우 열다섯 살이잖아."

엄마가 아빠의 말을 자신의 방식으로 해석했다. 나는 더욱 반감만 들었다.

"시키는 대로만 하고 산 사람이 어른이 됐다고 갑자기 어떻게 잘해?"

내가 이렇게 말하자 엄마는 할 말을 잃은 표정으로 나를 바라보았다. 나는 오로지 이 상황에서 벗어나고 싶은 마음만 들었다.

"그냥 제가 알아서 할게요."

나는 얼른 내 방으로 들어가 버렸다.

8

이곳은 우리들의 세계다

며칠 동안 엄마와의 냉전이 이어졌다. 학생 주임도 그날 이후 아무 말이 없었다. 이제 이틀 뒤면 학생 회의다. 마음이 천근만근 무거웠다. 연구소에 가기로 한 날은 아니지만, 학원 수업이 끝나고 연구소를 찾았다. 문을 두드리니 박사님만 안에 있었다. 설리는 도서관에 가고 없었다.

"잠깐 있다 가도 돼요?"

"그럼."

박사님이 시원한 아이스티를 한 잔 가져다주었다.

"이제 곧 학생 회의에서 공식적으로 동아리를 소개하겠네?"

"네."

"기다렸던 일 아니니?"

"그럼요, 기다렸죠."

박사님이 준 아이스티를 마셨다. 날씨가 더워서인지 갈증이 잘 가시지 않았다.

"학생 주임 선생님한테 혼날까 봐 걱정하는 거니?"

"아니요. 더 뭐라고도 안 하시던데요, 뭐. 모르겠어요, 저도."

나는 얼음만 남은 컵을 계속 만지작거렸다.

"실은…… 엄마가 반대하세요. 왜 그렇게 공부만 하라고 그러시는지 모르겠어요. 전혀 이해하려고 하시지도 않아요."

"엄마도 걱정돼서 그러신 걸 거야."

"그냥 저 좀 내버려 두면 좋겠어요."

"학부모 모임에서 명수 어머니를 만난 적이 있단다."

"엄마랑 제 얘기 하셨어요?"

"공부에 전념해도 모자랄 판에 동아리 활동에 빠져서 시간을 많이 빼앗길까 봐 걱정이 많으시더라."

휴! 한숨이 나왔다.

"그냥 다 그만둘까요?"

"할지 안 할지 선택하는 건 네 몫이야. 다만 네가 행복해야 부모님도 행복하실 거라는 것만 알고 있으면 된단다."

박사님과 이야기를 나누고 나자 마음의 짐을 조금 내려놓을 수 있었다. 그리고 선택을 했다. 이제 후회하지 않을 선택으로 만드는 일만 남았다.

이틀 뒤 나는 형수, 설리와 함께 동아리 소개를 하기 위해 학생 회의가 열리는 교실로 갔다. 각 학급의 반장과 부반장들이 모여들었다. 학생회 회장과 부회장은 교실 앞자리에 앉았다. 2학년 중에서는 후보자가 없어 홀로 후보자 등록을 하고 당선된 학생회 부회장 이기자도 자리를 차지하고 있었다. 이기자는 나를 발견하더니 눈살을 찌푸렸다. 부반장인 세종이도 교실로 들어왔다. 세종이와 눈이 마주쳐 어색한 인사를 나누었다. 세종이는 자기 반 반장과 함께 자리를 잡고 앉았다. 최동진 선생님과 학생 주임도 보였다. 우리는 남은 자리를 찾아 앉았다.

그리고 잠시 뒤 아주머니 몇 분이 들어오더니, 선생님들과 인사를 하고는 교실 맨 뒷자리에 앉았다. 회의를 시작하기 전, 학생 주임은 학교 운영 위원회 안건으로 학생 회의에 참관하고 싶다는 학부모 의견이 있어 학부모들을 초대했다고 밝혔다. 부담 갖지 말라는 말도 덧붙였다. 그러나 낯익은 얼굴을 보는 순간 부담감이 엄습해 왔다. 거기에는 엄마가 앉아 있었다.

학생 회의는 몇 가지 안건을 논의하면서 진행됐고, 마침내 신설 동아리를 소개하는 차례가 되었다. '꿈 탐험대' 동아리가 먼저 발표를 했다. 자신이 원하는 진로가 적성에 맞는지 해당 학과를 다니는 대학생 멘토와 연결해 주고 대학 견학을 하는 동아리라고 했다. 대학교에 진학한 후에 진로 고민을 하는 대학생들이 많은 만큼 미리 체험해 보고 알아보자는 취지에서 만든 동아리였다. 꿈 탐험대에 관심을 갖는 학생들은 많았다.

이어 우리 동아리 소개 차례가 되었다.

"꿈 탐험대에 이어 두 번째로 소개할 신설 동아리는 놀이 공작단입니다. 대표로 2학년 박명수 학생이 발표하겠습니다."

학생회 회장이 나를 호명했다. 설리와 형수가 옆에서 작은 소리로 '파이팅'을 외쳤다. 뒤를 돌아보았다. 학부모들 사이로 박사님이 보였다. 박사님은 밝게 웃으며 손으로 파이팅을 해 보였다. 그리고 그 옆으로 엄마 얼굴이 보였다. 나와 눈이 마주치자 엄마가 어색하게 미소를 지었다. 동아리를 하지 말라며 화를 내던 엄마의 모습은 온데간데없고, 걱정하는 표정이 역력했다. 나는 교탁 앞에 섰다.

"안녕하세요. 2학년 1반 박명수입니다. 제가 소개할 동아리는 놀이 공작단이라는 모임입니다. 동아리원들과 취미를 함께 나누며 다양한 놀이를 하기 위해 만든 모임입니다. 함께 영화를 제작하거나, 전시회를 가거나, 친구들 고민 상담도 하는 등 동아리원들이 저마다 좋아하는 놀이를 함께 할 계획입니다."

간단한 소개를 마치자, 한 학생이 손을 들었다.

"그냥 노는 동아리인가요?"

내가 대답을 하기도 전에 이기자가 손을 번쩍 들고 말했다.

"상담을 한다는 게 정확히 무슨 얘기죠? 혹시 전에 학교에 대자보를 붙여서 소란을 일으켰던 일과 관계된 동아리인가요?"

최초의 고민 상담 의뢰자인 이기자. 지금 이기자는 내가 그 '아이언맨'이라는 사실을 알아챘다.

"이 동아리가 괜찮은 곳인지는 직접 상담을 받아 본 사람이 알 수 있겠죠? 제가 그 상담을 받아 봤거든요. 대자보를 보고 대체 뭐하는 애들인지 궁금해서 메일을 보냈던 거죠. 답장이 왔더라고요. 그걸 받고 도움이 됐냐고요? 전혀요! 전혀 도움이 안 됐어요. 성적 스트레스 때문에 보낸 건데, 당연히 저는 공부하기도 바쁘다는 얘기를 했어요. 아니, 우리 중에 누구 하나 안 바쁜 사람 있어요? 다들 공부하기 바쁘잖아요. 그렇지 않나요?"

이기자는 웅변이라도 하듯 사람들을 쭉 훑어보며 말했다.

"시험 준비하기도 급한데, 옛날 아메리카 원주민들이 했다는 포틀래치인가 뭔가를 하라는 거예요. 포틀래치가 뭐냐면요, 원주민들이 서로 자기 것을 남한테 나누어 주겠다고 경쟁하는 명예 다툼이래요. 저보고 자신이 알고 있는 것을 나누면서 친구들 공부를 가르쳐 주라는 거죠. 시험 기간에 자기 공부하기도 바빠 죽겠는데, 언제 친구들 공부까지 도와주고 있나요? 그런데 그런 걸 상담이랍시고 하겠다는 동아리가 생겨서 어쩌겠어요."

그때 1학년으로 보이는 앳된 여자아이가 손을 들었다.

"그런데 친구들에게 공부를 가르쳐 주다 보면, 정말 제 공부가 잘되기도 해요. 집이나 학원에서는 혼자 공부하니까 확인할 방법이 없는데, 친구들이 모르는 거 물어봤을 때 알려 주다 보면 제가 모르는 부분을 알 수 있게 되거든요. 그래서 저는 저번 중간고사 때 친구들에게 모르는 거 다 물어보라고 했어요. 공부를 더 즐겁게 할 수 있고, 친구들도 저를 좋아해 줘요. 덕분에 시험 결과도 잘 나왔고요."

여자아이가 말을 마치고 자리에 앉았다. 이기자가 못마땅한 듯 여자아이를 흘낏했다.

"본인 성적 오른 얘기를 대체 여기서 왜 하는 거예요?"

여자아이는 얼른 눈을 피했다. 그때 세종이가 손을 들었다. 진지한 표정이었다.

"이기자 학생은 너무 주관적인 근거로 주장하는 것 같습니다."

잠시 침묵이 흘렀다.

"상담을 받아 본 사람이 유익하다고 느껴야만 저 동아리가 쓸모 있는 걸까요? 그리고 상담한 사람들 모두가 그렇게 백해무익하다고 느꼈을까요? 알 수 없지 않나요?"

세종이가 교실에 있는 학생들을 한 번 둘러보더니 계속 말을 이어 갔다.

"그러니 지금 그걸 기준으로 이 동아리에 대해 판단하기는 힘들 거라고 생각합니다. 그리고 이 동아리는 상담으로 학우들에게 도움을 주는 게 목표가 아닙니다. 그건 이전에 해 왔던 활동이고, 지금은 스스로 취미를 공유하는 동아리라고 소개하고 있습니다. 이 부분에 대한 이야기를 들어 봐야 한다고 생각합니다."

연속으로 공격을 받은 이기자는 머리에서 수증기라도 뿜을 것 같은 표정으로 앉아 있었다. 이제 내가 얘기할 차례다.

"답장을 받고 고맙다고 한 사람도 분명 있었어요. 일석이조 같은 거죠. 우리는 상담이 재미있고, 친구들은 도움을 받고요."

여기까지 말하고 나는 좀 더 멋진 말을 하고 싶어 머리를 굴렸다. 그때 언젠가 〈키리시마가 동아리 활동 그만둔대〉라는 영화에서 봤던 대사가 떠올랐다.

"공부하는 학교에서 왜 이런 상담을 하느냐고 항의하는 친구도 물론 있었어요. 그렇지만 학생인 우리가 학교 아니면 어디에서 친구들의 고민을 듣고 취미 활동을 나누겠어요? 지금 우리가 서 있는 이곳이 바로 우리들의 세계이고, 우리는 이곳에서 살아가야만 합니다. 우리가 세계중학교에서 동아리를 만들겠다고 한 이유입니다."

나는 목소리에 힘을 주고 진지한 표정으로 말했다. 설리와 형수가 보였다. 저 뒤에 앉아 있는 엄마도 보였다. 미소 띤 따뜻한 얼굴로 나를 바라보고 있었다. 왠지 나도 입가에 미소가 번졌다.

"동아리를 같이 만들겠다고 한 김형수 학생이 할 말이 있다고 합니다."

내가 김형수를 지목하자 형수의 얼굴이 점점 하얘졌다. 설리가 웃으며 형수를 쿡쿡 찔렀다. 형수가 자리에서 일어났다.

"아…… 놀이 공작단의 좋은 점을 말해 보자면요, 제가 취미가 있는데 집에서든 학교에서든 워낙 공부하라고 강요하니까 취미 활동을 몰래 하게 돼요. 그렇게 혼자서 몰래 하니까 어떤 때는 내가 방구석 폐인 같고, 쓸데없는 데 시간을 보낸다는 죄책감도 들고 그랬거든요. 그런데 친구들이랑 같이 하니까 '아, 내가 잘하는 것도 있구나.' 싶기도 하고, 그런 게 되게 기분이 좋았어요. 뭐, 내 자신도 인정하지 않던 나만의 가능성이 있다는 것을 깨닫게 되었다고 할까요. 어쨌든 취미 나눔 동아리니까 친구들과 취미 활동을 함께하면 여러 가지로 좋을 것 같아요."

형수가 주춤거리며 자리에 앉자, 기다렸다는 듯이 이번에는 설리가 일어났다.

"저는 함께 놀면서 배울 수 있는 것이 많다고 생각해요. 제가 전에 다니던 영국 학교에서는 학생들이 놀든 공부하든 자유롭게 할 수 있었어요. 시간표도 우리가 다 짰고요. 스스로 선택하게 한 거죠. 대신에 책임도 당연히 스스로 져야 했고요. 저는 사실 공부를 제대로 해 보고 싶어서 한국에 온 건데요, 막상 이곳에 와서 짜인 시간표대로 하루 종일 수업을 듣고, 시키는 공부를 하려니까 이상하게 벌을 받는 느낌이 들더라고요. 공부도 지루해졌고요. 무엇보다 친구들 공부하는 모습이 충격적이었어요. 수업 시간에는 자거나 멍하니 있다가, 학교 수업이 끝나면 학원에 가서 또 밤늦게까지 멍하니 있어요. 또 주말에는 개인 교사에게 과외를 받고요. 그런데 학교에서는 또 자요. 그리고 시험 기간에는 학원 선생님이 만들어 준 기출 문제 모음집을 달달 외우는 광경을 볼 수 있었어요. 그런데 아무리 봐도 공부를 정말 하는 것 같진 않더라고요.”

교실이 웅성거리기 시작했다. 몇몇은 고개를 끄덕이기도 했고, 설리 말을 꽤 집중해서 듣는 사람들도 보였다.

“정말 다행이었던 건 엄마 연구를 돕는다고 명수, 형수와 함께 친구들 고민 상담을 했던 거예요. 도움이 될 만한 답을 해 주려고 도서관도 자주 드나들고, 잘 아는 어른에게 묻기도 했어요. 인터뷰를 하러 갈 때도 있었는데, 그게 정말 재미있었어요. 친구들과 상담을 하면서 제가 역사 공부를 좋아한다는 사실도 알게 됐고요. 그리고 스스로 선택해서 뭔가를 한다는 것이 소중하다는 것을 이번 기회에 배웠어요. 제가 느낀 것들을 다른 친구들과도 나눌 수 있으면 기쁠 거라고 생각합니다.”

설리가 얘기를 마치고 자리에 앉자, 나는 팔을 들어 서로 손바닥을 마주치는 시늉을 했다.

“지도 교사를 맡기로 한 저도 한마디 하겠습니다.”

뜻밖에 최동진 선생님이 자리에서 일어났다. 그리고 학부모들이 있는 쪽을 바라보며 말했다.

“여기 오신 학부모님 중에서는 혹시 학교에서 공부는 안 하고 웬 놀이냐고 생각하시는 분도 계실지 모르겠습니다. 2학년 박명수 군이 놀이 공작단이라는 동아리를 만들고 싶다고 찾아왔을 때, 저는 아주 대견하다는 생각이 들었습니다. 학생들이 자발적으로 무언가를 해 보는 경험은 지금 시기에 굉장히 중요하거든요. 청소년 시기에 많이 연습하지 않으면 안 되는 일이기도 하고요. 오히려 이 과정이 생략된 채 청소년기를 보낸 아이들이 큰 방황을 겪게 됩니다. 왜냐하면 자신이 무엇을 좋아하는지 무엇을 하고 싶은지 알지 못한 채로 지내게 될 가능성이 크니까요. 놀이를 통해 스스로 경험해 보면서 자신에게 재미있고 의미 있는 게 무엇인지 찾아낼 수 있습니다. 또한 놀이를 통해 이전엔 잘 몰랐던 자신의 잠재된 가능성도 깨닫게 되고요. 그렇기 때문에 오히려 잘 놀 수 있게 도와줘야 해요. 제가 기꺼이 동아리 지도 교사를 맡기로 한 이유입니다."

선생님은 잠시 말을 끊고 내가 있는 곳으로 걸어왔다. 그러더니 내 어깨를 감싸며 말을 이었다.

"학생들이 직접 판을 짜고 부딪치며 성장하는 모습을 지켜볼 수 있다는 건 교사로서도 무척 기쁜 일입니다. 이 친구들이 어떻게 해 나갈지 벌써부터 기대가 됩니다. 아이들이 스스로 멋지게 해 나가는 과정을 부모님들도 지켜봐 주시길 바랍니다."

최동진 선생님이 얘기를 마치고 나와 눈을 쓱 마주치고는 자리에 가서 앉았다. 나는 굉장한 칭찬을 들은 것만 같아 어깨가 으쓱해졌다. 이제 우리 동아리를 두고 이의 제기를 하는 사람이 더는 없었다. 오히려 관심을 보이는 아이들까지 있을 정도였다.

학생 회의가 끝나고 복도에서는 엄마가 학생 주임과 인사를 나누고 있었다. 학생 주임이 나를 발견하더니 말했다.

"명수 너 이 녀석, 동아리 한답시고 성적만 더 떨어져 봐라. 그럼 아주 혼쭐날 줄 알아."

나는 "네!" 하고 시원하게 대답했다. 뒤를 돌아보니 그새 형수와 설리가 와서 엄마에게 인사를 하고 있었다. 오늘은 엄마랑 둘이 걷고 싶어 설리와 형수와는 거기에서 헤어졌다.

교문을 향해 걸어가면서 무슨 말을 해야 할지 할 말을 찾지 못하고 있는데, 엄마가 먼저 말을 꺼냈다.

"박명수, 어른스럽게 발표 잘하더라."

"내가 그렇지, 뭐."

나는 씩 웃으며 말했다.

"오늘 아빠 늦는다니까 외식하자."

엄마는 아무 일도 없었다는 듯이 말했다.

이로써 나 박명수는 오늘로 엄마와의 냉전이 끝났음을 선언한다.

학생 회의가 끝난 이후 학교생활에 변화가 생겼다.

일단은 나와 설리가 해결사였다는 소문이 학교에 쫙 퍼졌다. 학생들의 반응은 뜻밖에도 호의적이었다. 그래서인지 형수는 자기가 유령 연구원이었다는 걸 조금 후회하는 눈치였다. 이기자 주변에서 놀이 연구소를 비아냥거렸던 아이들도 더는 빈정대지 않았다. 왜냐하면 1학년 여자아이들 몇몇이 우리 교실까지 찾아와 동아리에 관심을 보였기 때문이다. 불타는 부러움을 한 몸에 받게 된 것이다.

영화 감상반 수업 시간에도 동아리에 관심 있는 아이들이 내

주위로 몰려들었다. 동아리 담당 교사가 최동진 선생님이 될 거라는 소문도 함께 퍼졌기 때문인지 유독 여학생들의 호응이 뜨거웠다. 선생님이 영화 〈파수꾼〉을 틀기 전까지 1학년 여학생 세 명에게 둘러싸여 있어야 했으니 말이다. 영화가 시작되고 나서야 교실은 안정을 찾는 듯했다.

교복 입은 남자아이 세 명이 스크린을 가득 메웠다. 학교가 배경이고 고등학생이 주인공이라 금세 영화에 몰입하게 되었다. 영화에는 세 명의 친구가 등장한다. 기찻길에서 셋이 야구를 하며 노는 장면을 보면서, 초등학교 때 형수랑 세종이랑 몰려다니던 때가 떠올랐다. 우리 셋도 한때 저들처럼 하루도 빠지지 않고 붙어 다니던 사이였으니까. 영화에서 셋은 사소한 일로 조금씩 사이가 틀어진다. 그리고 결국엔 한 친구가 전학을 가고, 한 친구는 학교를 그만두고, 나머지 한 친구는 죽음을 선택하고 만다.

영화가 끝나고 나는 한동안 멍하니 있었다. 학생 회의 이후로 세종이에게 고맙다는 말도 제대로 하지 못한 게 마음에 걸렸다.

집에 가는 길에 세종이에게 전화를 했다. 학원 수업을 들으러 가는 중이라고 했다. 학원 근처에 가서 세종이를 기다렸다. 한 시간쯤 기다리면 될 줄 알았는데, 세종이는 한참 더 지나서야 나타났다.

세종이가 학원에서 나오자마자 나를 보고 말했다.

"학교에서 얘기하면 되지 왜 여기서 기다리냐?"

"배고프다. 컵라면이나 먹으러 가자."

나는 세종이를 끌고 편의점으로 갔다. 우리는 컵라면에 뜨거운 물을 붓고는 비좁은 테이블에 앉아서 컵라면이 익기만을 기다렸다.

"안 먹어?"

세종이가 먼저 묻더니, 뚜껑을 열고 후루룩 라면을 먹었다. 나도 얼른 뚜껑을 열고 후루룩 라면을 흡입했다.

"아, 뭐야. 아직 안 익었네."

"살짝 설익은 게 더 맛있어."

세종이는 라면을 한 번 더 후루룩 먹으면서 말했다.

"회의 때 고마웠다."

나는 겸연쩍게 말을 꺼냈다. 세종이는 말없이 라면을 후루룩 먹어 댔다.

"사람이 말을 했으면 대답을 해라, 인마."

괜히 민망해서 한마디 더 했다. 세종이가 국물까지 후루룩 마시고 나더니 입을 열었다.

"내가 무지무지 고민하던 게 있었거든. 그런데 말할 데가 진짜 없는 거야. 너도 알겠지만 우리 부모님도 꽉 막히신 분들이고……."

"뭔데, 말해 봐."

"그런데 어떤 녀석들이 고민을 들어 주겠다고 학교에 대자보를 붙였더라고. 반신반의하면서도 메일을 보냈어. 어디에 말이라도 한번 해 봐야 속이 조금은 후련해질 것 같았거든."

내가 놀란 눈으로 세종이를 바라보았다.

"그래, 내가 뮤직맨이란 이름으로 메일을 보냈어."

나는 대답을 못 하고 눈만 껌벅거렸다. 세종이는 작정이라도 한 것처럼 말을 이어 갔다.

"형수한테 고민 상담을 의뢰했다는 얘기는 안 했지만, 대자보 붙인 애들이 궁금하다는 얘기를 몇 번 했거든. 그게 너일 거라는 생각은 꿈에도 못 하고 말이야. 그런데 형수가 그게 너라는 거야. 너랑 설리. 그때 내 기분이 어땠겠냐?"

세종이는 잠시 말을 멈추었다.

"야, 너 인마……."

"말할 만한 친구가 한 명도 없다고 생각했는데, 결국 제일 친했던 놈한테 비밀 상담을 한 꼴이라니. 진짜 내 꼴이 너무 우스운 거야. 그때 화가 나서 교장실에 네가 대자보를 붙였다고 편지를 보내 버렸어."

"뭐라고?"

"미안하다."

우리는 한동안 말없이 가만히 앉아 있었다. 세종이가 빈 라면 용기를 들고 일어나려고 했다.

"그런데 학생 회의 때는 왜 도와준 거냐?"

"네 답장 때문에! 누가 그렇게 내 꿈에 대해 진지하게 고민해 준 적은 없었거든. 옛날 생각도 나고. 우리가 어쩌다 이렇게 말도 못 할 사이가 됐나 싶기도 했고."

세종이가 쓸쓸하게 웃었다. 벼르고 있던 밀고자 놈을 드디어 만났는데, 이상하게도 미안한 마음만 자꾸 들었다.

"야, 암튼……."

나는 말을 잇지 못했다.

"나 늦었어. 지각이야. 엄마한테 전화 오기 전에 가야겠다."

"어딜……?"

"학원. 늦으면 선생님이 엄마한테 전화해. 간다."

"영화 만들면 배경에 깔 음악이 필요해. 도와줄 거지?"

나는 세종이 등 뒤에 대고 외쳤다. 고작 생각난 말이 이거였다. 세종이는 한 번 쳐다보고 씩 웃더니 편의점 밖으로 유유히 사라졌다.

금요일 오후, 우리는 빈 교실에 모였다. 이날은 세종이도 함께였다. 시험이 코앞이라고 형수가 호들갑을 떠는 통에 연구소는 가지 않고 빈 교실에서 모인 것이다. 설리가 세종이에게 유의 고민 편지를 보여 주었다. 세종이는 편지를 다 읽더니 말했다.

"이런 애들은 학교에서 디스전을 한번 열어서 혼내 줘야 돼."

"힙합 전사 나셨네. 네가 가서 해 줘라, 디스."

"디스는 뭐고, 디스전은 또 뭐야?"

설리가 물었다. 내가 설명할 말을 생각하는 사이, 세종이가 기다렸다는 듯이 말을 시작했다.

"디스는 디스리스펙트(disrespect)에서 나온 말인데, 랩 음악에서 상대의 잘못을 공개적으로 공격하면서 자신의 주장을 내세우는 것을 말해. 예를 들어, 래퍼가 잘 모르고 가수 기획사와 불공정한 계약을 맺었다고 해 보자. 래퍼는 시간이 지나고서야 계약이 잘못되었음을 알게 되었어. 그래서 바로잡아 달라고 요청하지만, 기획사는 이런저런 핑계를 대면서 자꾸 무시해. 그러면 래퍼는 불공정한 계약과 그간 있었던 부당한 일들을 통렬하게 비판하는 가사를 쓰고 랩 음악을 발표해 공개적으로 따지는 거야. 시원하게 한 방 먹이는 거지!"

또박또박 말하는 세종이의 눈이 빛났다. 세종이는 설명을 이어 갔다.

"디스전은 래퍼끼리 서로 디스를 주고받는 걸 말해. 디스전을 하다 보면, 간혹 내용도 없이 욕을 남발하거나 남의 약점이나 조롱하는 경우도 있는데, 그건 진정한 디스가 아니야. 자신이 부족하다는 것을 드러내는 꼴일 뿐이지. 결국 랩을 듣는 사람들이 누가 잘하고 누가 못했는지 판단을 내려."

세종이의 설명이 끝나자 설리는 무언가 떠오른 듯 말했다.

"디스전 하니까 생각난 건데, 옛날에 이누이트족은 마을에 문제가 생기면 축제를 벌여서 노래 대결을 펼쳤대. 노래 대결을 해서 공개적으로 잘잘못을 가렸다는 거야. 그러고 나서는 다시 아무 일 없는 것처럼 일상으로 돌아갔고. 물론 정말 심각한 잘못을 했을 때는 축제가 끝나고 마을에서 쫓겨나기도 했지만 말이야. 재미있지 않아?"

"오, 역시! 그런 건 어디서 들은 거야?"

형수가 설리를 치켜세웠다.

"책에서 읽었어."

"와, 대단해."

나도 한마디 거들었다. 가만히 우리 이야기를 듣고 있던 세종이가 말했다.

"어떤 때는 정말로 탁 터놓고 이야기하는 게 필요할 때도 있는 것 같아."

나는 가만히 고개만 끄덕였다. 세종이는 우리가 돌아가면서 상담 편지를 썼다는 걸 알고, 이번 답장은 자기가 쓰겠다고 했다.

세종이가 유유에게 쓴 글은 이랬다.

안녕, 유유!

유유라는 닉네임처럼 정말 눈물이 마를 날이 없겠구나.

노는 게 중요하다고 외치는 우리도 모든 놀이가 다 옳다고 생각하지는 않아. 하위징아라는 역사학자는 놀이 속에서 문화가 움튼다고 했어. 그런데 그 놀이가 약자를 비하하고 조롱하는 거라면 제대로 된 문화가 싹트기 힘들 거야. 혐오와 모멸감, 불신만이 쌓이겠지.

자꾸 노동만 강요하고 놀지 못하게 하는 사회에서는 뒤틀린 놀이가 탄생하기 마련이래. 억지 공부를 강요하는 곳도 마찬가지고. 그래서 우리가 고민 끝에 생각한 건? 놀이로 쌓인 건 놀이로 풀자!

너와 네 짝사랑 남에게 진짜 놀이를 하나 제안해 볼게. 옛날 이누이트족은 굉장히 재미있는 재판을 했대. 오늘날 누군가 억울한 일을 당했다면 판사에게 재판을 해 달라고 하겠지. 그런데 이누이트족은 축제를 열었다는 거야. 신기하지? 이 일에 관련된 사람들은 아주 멋지게 의상을 차려입고 축제 무대에 섰대. 그러고는 신명 나게 노래를 불렀어. 노래 대결을 펼친 거지.

"개똥이네 둘째 아들 아무개가 우리 집 얼음을 훔쳐 갔네. 집을 지으려고 모아 둔 얼음인데, 알고도 훔쳐 갔다네."

이런 식으로 무슨 억울한 일을 당했는지를 노래로 부르는 거야. 마치 요새 랩 하는 친구들이 많이 하는 '디스전'과도 닮았지. 이렇게 축제를 벌이면서 노래를 하고 난 다음에는 사람들이 모두 알게 되겠지. 누가 잘못을 했는지를 말이야! 이누이트족은 이렇게 축제를 벌이면서 자연스레 재판을 한 거야. 이렇게 이누이트족 버전으로 디스전을 벌인 사람들은 축제가 끝나면 서로 다시 아무렇지 않게 지내면서 일상으로 돌아갔대.

앞으로는 이누이트족의 노래 대결이나 오늘날 랩 대결처럼, 공개적으로 사람들 앞에서 함께 즐기면 좋겠어. 모니터 뒤에 숨어 약자를 괴롭히지 말고 무대 위로 나오란 거지. 그러고는 축제를 벌이잔 말이야!

어쩌면 그 친구는 수다를 같이 떨 친구가 필요했는지도 몰라. 나도 속내를 털어놓을 친구가 없다는 생각이 들 때 마음이 참 쓸쓸했거든. 괜히 삐딱한 마음도 생기고 그러더라. 서로 자주 이야기하다 보면, 모난 생각도 조금은 둥글둥글해지지 않을까?

어떤 때는 별것 아닌 일들이 오해가 돼서 관계가 멀어지기도 하니까, 그럴 때는 툭 터놓고 말하는 것도 좋은 방법이라고 생각해. 이건 정말로 경험자로서 하는 말이야!

유유의 눈물이 마를 날을 기다리며, 너의 멋진 용기를 기대할게.

우정이 내는 소리

학교 게시판에 징계 위원회가 열린다는 안내문이 붙었다. 그림 저격수 사건에 관한 것이었다. 유유의 상담 편지에 등장한 인물이 그림 저격수인지는 알 수 없었지만, 적어도 내가 학생 주임에게 의심받을 일은 사라진 셈이다. 그리고 학교 홈페이지에는 놀이 공작단과 꿈 탐험대의 동아리 부원을 모집하는 안내문이 올라왔다. 놀이 공작단의 지도 교사는 최동진 선생님이 맡았고, 박사님이 자문 위원을 맡는다는 내용도 함께 적혀 있었다. 그리고 나는 에헴! 동아리 대표를 맡게 되었다.

나는 휘파람을 불며 복도를 걸었다.

그런데 이날 학생 주임이 또 나를 호출했다. 학생 회의 이후 학생 주임이 따로 나를 부른 건 처음이다.

"어이, 박명수, 어서 와라."

나는 인사를 하고 들어갔다.

"기말고사 준비는 잘하고 있니?"

"네? 네……."

"어영부영 시간 낭비하지 말고, 동아리 할 땐 하더라도 공부할 땐 제대로 공부해야 한다."

"네."

나는 작은 소리로 대답했다.

"그럼 저격수 말인데…… 1학년 남학생이 와서 자기가 했다고 자백하더라."

학생 주임은 나를 지그시 바라보았다.

"의심해서 미안하다."

무슨 말을 해야 할지 떠오르지 않아 그저 멍하니 서 있었다.

"일찍일찍 집에 가서 공부나 해라. 동아리 한다고 들떠서 다니지 말고. 기말고사도 금방이니까."

정적을 깨고 학생 주임이 잔소리를 한마디 덧붙였다.

"네."

나는 얼른 인사를 하고 학생 지도부실에서 나왔다.

주말에는 설리가 좋아하는 도서관에 함께 가기로 했다. 도서관에 간다고 하니까 엄마는 흐뭇한 표정으로 내가 현관문을 나서는 걸 지켜보았다. 나는 공부도 정말 재미있을 수 있는지 몸소 시험해 보고자 도서관에 가는 것이라고 설리와 형수에게 말하긴 했지만, 사실 주말에 딱히 할 만한 일이 떠오르지 않았기 때문이다. 설리는 열람실 대신 책이 많이 꽂혀 있는 서가로 갔다. 그러고는 넓은 테이블 위에 역사책을 펼쳤다.

"역사 공부하게?"

"응, 제일 재밌는 것부터."

어쨌건 시험공부를 하겠다고 말했기 때문에 나도 영어 교과서를 꺼냈다. 책 사이에는 영어 선생님이 나누어 준 자료가 있었다. 단어와 숙어가 정리된 인쇄물이었다. 나는 하얀 연습장에 영어 숙어를 쓰면서 외우기 시작했다.

'want 목적어 to부정사: ~하기를 원하다', 'be ready to부정사: ~할 준비가 되다', 'try one's best: 최선을 다하다'…….

거기까지 쓰고 스르르 잠이 들고 말았다. 내 연습장에는 그날 도서관에서 내 의지와 노력이 어땠는지 고스란히 남아 있다. 질질 흘린 침 자국과 함께.

잠에서 깼을 때는 설리가 보이지 않았다. 설리 자리에는 『역사신문』, 『한국생활사박물관』이라는 책이 놓여 있었다.

'왜 시험공부는 안 하고 이런 책들을 보고 있는 거지?'

설리가 자리에 가져다 놓은 책을 멍하니 바라보고 있는데, 서가 사이에서 설리가 걸어 나오는 것이 보였다. 설리 손에는 책이 세 권이나 더 들려 있었다. 설리가 자리에 앉자 내가 작은 소리로 속삭였다.

"이렇게 많은 걸 언제 다 읽게?"

"필요한 부분만 골라서 읽을 거야."

설리는 교과서를 보다 말고 중간중간 이런저런 책들을 찾아 읽었다. 이에 질세라 나도 다시 영어 숙어를 외우기 시작했다.

언제나 복습이 중요하다는 영어 선생님 말을 떠올리며 다시 처음부터 외웠다.

'want 목적어 to부정사: ~하기를 원하다', 'be ready to부정사: ~할 준비가 되다', 'try one's best: 최선을 다하다'…….

그리고 다시 정전이 찾아왔다. 스르르 눈이 감기고 말았다.

잠시 후 설리가 나를 깨웠다.

"우리 뭐 먹으러 갈래?"

나는 기다렸다는 듯 고개를 끄덕였다. 그리고 설리가 좋아한다는 피시 앤 칩스를 떠올렸다. 도서관에서 멀지 않은 곳에 있는 돈가스 집을 알고 있었다. 현관을 나설 때 엄마가 점심 사 먹으라며 준 용돈도 주머니에 있었다. 마음이 든든했다. 설리는 돈가스를 시키고, 나는 일부러 생선가스를 주문했다.

잠시 후에 돈가스와 생선가스가 나왔다.

"이거 먹어 볼래?"

내가 생선가스 접시를 설리 쪽으로 밀며 물었다. 설리가 생선가스를 한 조각 집었다.

"반반 할까?"

내가 묻자 설리는 고개를 끄덕였다. 피시 앤 칩스와 맛이 비슷한지는 내가 알 턱이 없었지만, 설리는 생선가스를 맛있게 먹었다.

밥을 다 먹고 다시 도서관으로 향했다. 여름날 뙤약볕 속을 걷자니 자꾸 이마에서 땀이 흘렀다. 이마에 난 땀을 닦으며 내가 물었다.

"어차피 시험에도 안 나올 텐데 뭐하러 그런 책까지 다 보는 거야?”

“흐름이 이해가 되니까 일부러 외우지 않아도 익히게 돼서 좋아.”

“문제집은 언제 보냐, 그럼?”

“다 공부하고 나서 확인하는 차원에서 문제를 풀어 보면 금방 볼 수 있어. 틀린 문제를 보면 내가 정확히 알지 못하는 부분이 무엇인지 알 수 있으니까. 숨은그림찾기 하는 것 같아서 재밌어.”

“숨은그림찾기? 글쎄, 나는 좀 더 실험을 해 봐야 알 것 같다. 그런데…… 너 정말 1년 지나면 떠나는 거야?”

나는 조금 긴장된 마음으로 설리를 물끄러미 바라보았다.

“응, 아마 그럴 것 같아.”

설리가 나를 보며 말했다.

내년엔 설리도 박사님도 없을 거라 생각하니 벌써부터 쓸쓸한 마음이 들었다.

우리는 도서관에서 좀 더 공부를 하다가 집으로 돌아갔다. 시험을 앞두고 나는 몇 차례 더 설리를 따라 도서관에 가서 공부를 했다.

기말고사를 앞두고 세계중학교 역사상 중요한 사건이 될 놀이 공작단 발대식이 있었다. 동아리에는 세 명의 신입 부원이 들어왔다. 1학년 여학생이 둘이나 들어와 형수는 매우 기뻐했다. 발대식에서는 앞으로의 활동 계획을 이야기했고, 신입 부원들은 기말고사가 끝나고 정식으로 동아리 활동을 하기로 했다. 동아리에 관심을 보이던 많은 소녀 팬들이 사라진 탓에 발대식은 생각보다 차분한 분위기에서 진행되었다.

그리고 얼마 안 있어 정말로 우리는 시험을 치러야 했다. 시험을 어떻게 봤는지는 기억이 잘 나지 않는다. 다만 시험이 끝나던 날 기분이 정말 좋았던 건 선명하게 떠오른다. 끝이 났으니까 이제 무엇이든 시작하면 된다. 1학기가 끝나고 나를 기다리는 건 여름방학. 방학 동안에 나는 영화를 만들 거다!

방학을 하루 앞두고 윤하와 복도에서 만났다.

"방학엔 뭐 할 거야?"

윤하가 나에게 물었다.

"영화도 찍고 영상 편집도 배울 거야. 넌?"

"난, 영어 캠프 신청했어."

"그렇구나."

"아, 효주가 고맙다고 전해 달래."

"효주가 나한테 왜?"

효주라면 영화 감상반에 있다가 뮤지컬반으로 동아리를 옮긴 윤하의 친구였다.

"너희한테 고민 편지를 보냈었거든. 답장을 받고 정말로 그 아이, 그림 저격수랑 터놓고 이야기를 했대. 일이 잘 풀리게 됐다고 고맙다고 전해 달래."

"그랬구나."

듣고 보니 그림 저격수가 순순히 자백을 한 이유를 알 것도 같았다.

얼마 안 있어 기말시험 성적이 발표됐다. 설리를 따라 도서관을 다닌 덕분인지 성적이 전보다 조금은 올랐다. 그리고 여름방학이 되었고, 우리는 진짜 영화 찍을 준비를 시작했다.

여름방학 동안 나는 최동진 선생님이 소개해 준 서울 영상 교육원에서 청소년을 위한 영화 제작 수업을 들었다. 청소년을 대상으로 방학 동안 진행되는 특강이었다. 제대로 배워 보고 싶다는 생각이 들어서다.

설리는 주말마다 서울시에서 하는 '길에서 배우는 역사'라는 강좌에 참여했다. 이곳저곳 돌아보며 생생하게 역사를 배울 수 있어 좋다고 했다. 설리는 공부가 정말로 재미있는 모양이다. 형수는 오전에는 『우선순위 영단어』를 'Day 1'부터 시작해 마지막까지 모두 외우고, 오후에는 청소년 센터에서 진행하는 글쓰기 공부에 참여하겠다는 계획을 세웠다. 세종이는 교육청에서 하는 수학 영재 교육 대상자에 뽑혔다. 덕분에 주말에는 자유 시간을 써도 된다는 부모님 허락을 받을 수 있었다. 나는 기회를 놓치지 않고 같이 놀 계획을 잡았고, 세종이와 함께 질라가리 밴드 공연을 다녀왔다.

그리고 아주 더운 여름날, 우리는 연구소 평상에 모여 앉았다. 해가 긴 여름날이어서 자연조명이 우리 얼굴을 밝게 비추었다. 우리는 서로의 인터뷰를 찍을 참이었다. 영화에 들어갈 인터뷰 말이다.

제일 먼저 내가 카메라 앞에 섰다. 저 카메라로 말할 것 같으면 충무로 영상 센터 '오재미동'에서 하루당 2만 원을 주고 빌려 온 것이다. 대여료는 박사님이 내 주었다. 내 인터뷰어는 김형수다.

카메라가 돌아가자 형수가 질문을 했다.

"본인의 감독 데뷔작은 최신형 카메라를 사서 해야 한다고 말하고 다녔는데요, 현재 심경이 어떻습니까?"

"장비가 뭐 그리 중요하겠어요. 그 안에 무엇을 담을지가 중요하죠. 지금 대여한 카메라로 찍고 있는데, 아주 좋네요. 여름이라 해가 길어서 조명도 따로 필요 없고요."

형수가 두 번째 질문을 던졌다.

"처음에 영화를 찍어야겠다고 했을 때 이유가 있었던 걸로 알고 있는데요, 그 목표를 달성할 수 있을 거라고 생각하나요?"

"야, 너 지금 그걸 질문이라고 하냐? 딴 거 해, 딴 거."

설리가 의아한 표정으로 우리 둘을 바라보았다.

"딴 질문은 없는데?"

형수가 말했다.

"질문이 딸랑 두 개야?"

"이제 나와, 내 차례야."

형수는 평상으로 와서 엉덩이로 나를 밀어내고는 카메라 정면을 보고 앉아 옷매무새를 다듬었다.

"설리야, 잘 부탁해."

형수의 인터뷰어는 설리다. 설리가 웃으면서 물었다.

"상담을 하고 달라진 게 있나요?"

"취미가 같은 잉여 군과 라이트 노벨을 서로 추천해 주곤 합니다. 비슷한 관심사를 가진 친구가 생기니까 좋아요."

"흥미로운 취미 생활을 하잖아요. 요즘엔 어때요?"

"아, 네! 저는 고급 취미 생활자죠. 최근에 저는 글쓰기 공부도 하고 있고 라이트 노벨을 매일 A4 반 장씩 쓰고 있어요. 몽상가 중학생이 다니는 학교에 외계인 미소녀가 전학을 와서 함께 위기에 빠진 지구를 구한다는 내용인데요, 아주 흥미로운 얘기죠."

대답을 마친 형수는 다음 질문을 기다리는 눈초리로 설리를 바라보며 웃었다.

"질문 끝."

설리가 대답했다.

"벌써 끝이라고?"

"응. 또 떠오르는 것 생기면 나중에 질문할게."

형수는 못내 아쉬운 표정으로 설리에게 자리를 내주었다. 설리의 인터뷰어는 나다. 막상 어떤 질문을 할까 생각하니 쉽지 않았다. 첫 번째 질문을 했다.

"한국에 살아 보니 어때요?"

"뭐야, 그 관련 없는 질문은?"

형수가 작은 소리로 말했다.

"조용히 좀 해. 다 편집해야 하잖아."

내가 형수를 흘겨보았다. 형수가 설리를 향해 손으로 딱따기를 흉내 내며 외쳤다.

"레디, 액션!"

"음, 일단 친구들이 생긴 게 좋았고, 같이 하는 일들이 정말 재밌었어요."

"친구?"

나는 인터뷰하면서 존대하기로 한 걸 잊어버리고 무심결에 물었다.

"함께여서 신나게 할 수 있는 일들이 있다, 뭐 그런 느낌."

나는 두 번째 질문을 했다.

"앞으로 동아리 친구들과 해 보고 싶은 게 있나요?"

"아직 떠오르는 건 없어요. 하지만 언제든 '같이 놀자.'고 말할 수 있으니까."

설리가 명랑한 목소리로 대답했다.

설리 말대로 우리는 여름방학에도 같이 놀았다. 그리고 방학 동안 틈틈이 찍은 인터뷰는 미리 찍어 둔 영상들에 교차 편집하는 방식으로 넣기로 했다. 형수가 스마트폰으로 찍어 둔 영상들과 방송반에서 기록용으로 찍어 둔 학생 회의의 동영상이 있었다. 나는 영상 교육원에서 배운 대로 편집을 했다. 1시간은 60개의 분으로, 1분은 60개의 초로 이루어져 있다는 사실이 절절하게 느껴지는 시간들이었다. 20분짜리 영상을 만드는 동안 방학은 빠르게 흘러갔다.

2학기가 시작되자, 우리는 축제 준비를 했다. 형수는 신입 부원들과 함께 영화 포스터를 만들었다. 직접 문구도 작성하고, 사진도 찍어서 넣었다. 나와 설리는 편집 마무리 작업을 하느라 정신이 없었다. 세종이는 동아리엔 들지 않았지만 다큐멘터리 중간에 들어갈 음악을 골라 주었다.

축제 며칠 전부터 우리는 인쇄한 포스터를 학교 곳곳에 붙이고 다녔다. 포스터에는 우리의 사진도 대문짝만 하게 들어가 있었다.

마침내 구름 한 점 없는 쾌청한 가을 날, 축제의 막이 열렸다. 그림과 시 작품이 복도 곳곳에 전시되었고, 요리 솜씨를 뽐내는 친구들은 일일 식당을 열었다. 코스프레를 하는 친구들 주변에는 기념사진을 찍으려는 아이들로 넘쳐 났다. 학교 곳곳에서 마주하는 친구들 표정이 날씨만큼이나 맑아 보였다. 오후에는 무대가 있는 강당에 학생들이 모두 모였다. 연극부의 진지한 연기는 무대를 압도했고, 화려한 군무를 추는 댄스반 덕에 강당 분위기가 후끈 달아올랐다. 그리고 우리가 만든 다큐멘터리도 이곳 강당에서 상영됐다. 다큐멘터리 상영 시간은 20분.

짧은 상영 시간이었지만, 그 시간만큼은 놀이 공작단이 이 세계의 주인공이 된 것만 같았다. 상영회가 끝나자 박수 소리가 들려왔다. 내가 바라던 스타가 되거나 영웅이 되는 일은 일어나지 않았다. 물론 윤하가 나에게 반하는 일도 없었다.

대신 처음 시작할 땐 예상하지 못한 마무리가 나를 기다리고 있었다. 내 옆에 앉은 친구들이 입가에 미소를 띠며 엔딩 자막이 올라가는 걸 지켜보고 있었다. 나도 저절로 웃음이 나왔다.

나 박명수, 중2 인생 최고의 명장면이 연출되는 순간이었다.

놀이는 좋아서 하는 일이다. 지금을 살아간다는 의미다. 또한 좋아서 스스로 무언가를 한다는 것은 흉내 내기를 안 한다는 의미다. 당연히 더 재미있게 더 잘해 보려고 이런저런 궁리를 하며 창의적으로 상상의 나래를 펼칠 것이다. 같이 놀다 보면 관계를 맺고 어우러져 살아가는 방법도 익힌다. 내가 아닌 타인을 상상하는 법을 알게 되는 것이다. 남들 따라 주어진 공부를 하다 보면, 성적순대로 대학에는 갈 수 있다. 그렇지만 상상하며 놀이하는 아이들은 어디든 갈 수 있다. 상상하는 힘은 누구도 예상하지 못했던 무궁무진한 세계로 우리를 안내해 줄 테니 말이다.

알고 보면, 놀이야말로 문화 창조의 원동력이다. 요리·패션·건축·신화·철학·예술 등 인류가 자랑스러워하는 대부분의 문화가 놀이에서 나왔다. 그런데 오늘날 놀이의 세계는 노동의 세계에 밀려나고 있다. 노는 시간을 아깝게 여기고, 미래에 대한 불안감에 일하는 시간은 늘어난다. 쉬는 시간은 다음 노동을 위한 재충전의 시간이 될 뿐이고, 심지어 노는 것마저 마치 일을 처리하듯이 해치운다. 이렇듯 놀이는 점점 설 자리를 잃고 있다. 그렇지만 놀이를 외면하거나 억누르는 사회는 건강할 수 없다. 놀이를 외면할수록 나쁜 놀이가 생겨나며 삶의 충만함과 즐거움에서 거리가 멀어지기 때문이다.

누구든 자기 인생을 모험할 권리가 있다. 십대도 그러하다. 사랑이라는 이름으로 모험의 권리를 빼앗아서는 안 된다. 어른들의 섣부른 금지는 아이들의 잠재된 가능성을 빼앗는 행위일지도 모른다. 모험의 권리를 누리며 행복한 삶을 사는 십대들이 늘어나길 바라는 마음으로, 함께 놀면서 자라는 십대들의 모습을 상상하며 이 책을 썼다.

인터뷰와 다양한 자료를 통해 많은 도움을 받았다. 중학교 교사인 조덕 선생님, 최유정 선생님, 초등학교 교사인 젠 선생님은 교육 현장에 관한 많은 이야기를 해 주었다. 영월 옥동중학교 이혜성 선생님은 옥동중학교, 녹전중학교 2학년 학생들과 만날 수 있는 자리를 마련해 주었다. 주인공 박명수 캐릭터를 구체화하는 데 이 친구들의 도움이 컸다. 이제 3학년이 되었을 친구들과 네 분 선생님들에게 감사의 마음을 전한다.

학교 분위기를 묘사하는 데에는 'EBS 다큐 프라임' 〈교육 혁명, 15세에 주목하라〉를 참고했다. 서머힐에 대한 내용은 채은의 『서머힐에서 진짜 세상을 배우다』를 참고했다. 노동의 역사에 관한 내용은 노명우의『프로테스탄트 윤리와 자본주의 정신, 노동의 이유를 묻다』, 한경애의『놀이의 달인, 호모루덴스』, 알지니의『일이란 무엇인가』를 참고했다. 포틀래치와 이누이트 관습에 관한 부분은 노명우의『호모 루덴스, 놀이하는 인간을 꿈꾸다』를 참고했다. 나치스 시대 청소년 레지스탕스 운동에 관한 설명은 로제 팔리고의『장미와 에델바이스』를 참고했다. 놀이와 노동에 관해 더 깊은 공부를 하고 싶다면, 노명우의『호모 루덴스, 놀이하는 인간을 꿈꾸다』,『프로테스탄트 윤리와 자본주의 정신, 노동의 이유를 묻다』를 권한다.

이 책이 나오기까지 많은 분들이 도움을 주었다. 사계절출판사의 정은숙, 서상일 편집자는 매 과정마다 귀한 의견을 주었고, 마침표를 찍을 수 있도록 채근해 주었다. 그리고 책 한 권이 만들어지기까지 출판사의 많은 분들이 함께 해 주었다. 모두 감사드린다.

끝으로, 늘 곁에서 응원과 조언을 아끼지 않은 인생 동반자 김지수와 오랜 시간 지켜봐 준 가족에게 감사드린다.

2016년 3월
조유나

우리들의 비밀 놀이 연구소

- 십대를 위한 놀이 인류학

2016년 3월 30일 1판 1쇄
2024년 7월 10일 1판 6쇄

지은이 조유나
그린이 김현영

편집 정은숙, 서상일   **디자인** 홍경민
마케팅 이병규, 김수진, 강효원   **홍보** 조민희   **제작** 박흥기
출력 블루엔   **인쇄** 한승문화사   **제본** J&D바인텍

펴낸이 강맑실   **펴낸곳** (주)사계절출판사   **등록** 제406-2003-034호
주소 (우)10881 경기도 파주시 회동길 252
전화 031)955-8558, 8588   **전송** 마케팅부 031)955-8595 편집부 031)955-8596
홈페이지 www.sakyejul.co.kr   **전자우편** skj@sakyejul.co.kr
블로그 blog.naver.com/skjmail   **트위터** twitter.com/sakyejul   **페이스북** facebook.com/sakyejul

ISBN 978-89-5828-967-8 43380